A ARTE DE SER DESAGRADÁVEL

Jim Knipfel

A Arte de Ser Desagradável

2ª edição

Tradução
Marcia Heloisa Amarante Gonçalves

Copyright © 2004, Jim Knipfel
Título original: *Ruining it for everybody*

Capa: Rafael Nobre
Foto de capa: Eg Project/GETTY Images

Editoração: DFL

Texto revisado segundo o novo
Acordo Ortográfico da Língua Portuguesa

2011
Impresso no Brasil
Printed in Brazil

CIP-Brasil. Catalogação na fonte
Sindicato Nacional dos Editores de Livros, RJ.

K77a
2ª ed.
	Knipfel, Jim
	    A arte de ser desagradável/ Jim Knipfel; tradução Marcia Heloisa Amarante Gonçalves. – 2ª ed. – Rio de Janeiro: Bertrand Brasil, 2011.
	    252p.
	
	    Tradução de: Ruining it for everybody
	    ISBN 978-85-286-1448-0
	
	    1. Knipfel, Jim. 2. Biografia espiritual – Estados Unidos. I. Título.

10-3663	CDD – 922 CDU – 929:2

Todos os direitos reservados pela:
EDITORA BERTRAND BRASIL LTDA.
Rua Argentina, 171 – 2º andar – São Cristóvão
20921-380 – Rio de Janeiro – RJ
Tel.: (oxx21) 2585-2070 – Fax: (oxx21) 2585-2087

Não é permitida a reprodução total ou parcial desta obra, por quaisquer meios, sem a prévia autorização por escrito da Editora.

Atendimento e venda direta ao leitor:
mdireto@record.com.br ou (21) 2585-2002

Para Morgan, com amor. Suas ideias, inspiração, humor, ajuda — e sobretudo sua amizade — tornaram tudo isso possível.

"Se não houvesse sentimentos ruins, ainda estaríamos vivos?"

The Residents, *Would We Be Alive?*

"O bom-senso questiona: como um homem pode escrever sua vida se não tem certeza de quando vai morrer? É uma pergunta angustiante. Entre uma apologia prematura e a morte, quem sabe quais proezas poéticas hercúleas podem lhe estar reservadas nesse ínterim? Conquistas tão grandiosas capazes de anular o efeito da apologia em si. E se, por outro lado, nada for realizado em vinte ou trinta anos de estagnação — como é indigesto o anticlímax para os jovens!"

Thomas Pynchon, *V.*

Introdução

Sempre que ouço a palavra "espiritual", cato meu revólver. É por isso que faço o possível para evitar gente que fala ou pensa em termos espirituais. Pessoas assim me deixam nauseado, nervoso. Parecem meio desconectadas, muito convencidas, ingênuas, alienadas — sem graça mesmo. Ainda assim, não há como negar que gente demais fala e pensa sobre o assunto.

Na minha opinião, qualquer questão da alma está fundamentalmente ligada ao corpo do qual somos reféns. No fim das contas, quem dá as cartas é o corpo. Não importa se você é extremista muçulmano, budista, episcopal, moonista, satanista, vendedor da Amway ou adepto a qualquer outro credo — se tiver uma gripe daquelas sinistras, ela vai mudar sua visão de mundo. Vai se tornar o seu foco absoluto durante alguns dias. Se você tem câncer, um braço quebrado ou AIDS, sua perspectiva vai ficar ainda mais suscetível. A verdadeira "espiritualidade" se reflete no modo como lidamos com as coisas diante de circunstâncias inesperadas e desconfortáveis, independentemente do sistema de regras que adotamos.

No final da primeira parte de *1984*, George Orwell descreve isto de modo muito mais eloquente do que eu jamais seria capaz de fazer:

"Refletiu, não sem assombro, sobre a inutilidade biológica da dor e do medo, a traição do corpo humano, que sempre se deixa paralisar inerte nos momentos em que um esforço especial se faz necessário...

Concluiu que, em momentos de crise, jamais estamos lutando contra um inimigo externo, e sim contra o nosso próprio corpo. Mesmo naquele momento, apesar do gim, a dor inconveniente em sua barriga inviabilizava qualquer cadeia de pensamentos. E o mesmo se dava, percebeu ele, em todas as situações heroicas e trágicas. No campo de batalha, na câmara de tortura, num navio que naufraga, as questões pelas quais estamos lutando são sempre esquecidas, porque o corpo avoluma-se até preencher todo o universo. E mesmo quando não se está paralisado de medo ou gemendo de dor, a vida é uma luta perene contra a fome, o frio, a insônia, uma indisposição estomacal ou uma dor de dente."

O corpo humano é uma máquina extremamente delicada, mas, ao mesmo tempo, dotada de uma resistência surpreendente. As pessoas estão sempre lembrando o quão frágil nós somos, alegando que até mesmo o vírus mais insignificante pode nos destruir. Mas às vezes esquecem que seria preciso um puta esforço para que uma dessas engrenagens parasse de funcionar de vez.

Não tive muita sorte no que diz respeito ao corpo. E, de uma maneira estranha, até mesmo perversa, isso foi bom para mim, pelo menos no que diz respeito à minha profissão.

(Vou entrar logo nos detalhes sórdidos, assim ganhamos tempo. Conto tudo de uma vez nesta Introdução, poupamos futuras explicações, e não se fala mais nisso.)

Nasci com uma doença degenerativa nos olhos, de progressão lenta, gradual, chamada retinite pigmentosa, que já me deixou praticamente cego. Enquanto escrevo estas linhas, ainda consigo enxergar alguma coisa. Pelo menos quando a luz está boa. Há dias em que os olhos funcionam bem; outros, não. Ainda consigo trabalhar no computador, embora tenha que aumentar cada vez mais o tamanho da letra. Ainda consigo ver bons programas na televisão, mesmo perdendo a maioria dos detalhes. Carrego uma bengala branca comigo, mas não a uso tanto quanto deveria.

Meu campo de visão é extremamente limitado e diminui a cada dia; porém, nos dias bons — quando a luz está forte, mas na medida certa (não muito claro, nem muito escuro) — ainda consigo enxergar razoavelmente bem dentro desse limite estreito. Cores, formatos, alguns detalhes. É como se eu estivesse vendo através de um rolo vazio de papel higiênico. Nos dias ruins, ou quando a luz está fraca em ambientes internos, não enxergo bulhufas.

Quando não uso a bengala (quase sempre), preciso examinar a área à minha frente com os pés o tempo todo para me certificar de que o caminho está livre. Como a minha percepção de profundidade é praticamente nula, aprendi a estudar sombras e silhuetas para calcular a altura do meio-fio ou se um vulto na calçada à minha frente está vindo em minha direção ou se afastando (lição importante: se o vulto vai ficando maior, é porque está se aproximando).

Ao longo dos anos, também aprendi a usar minha audição — que não é lá grande coisa após incontáveis noitadas em boates ouvindo punk-rock — para completar o pouco que enxergo. Assim, posso me valer do som de passos, vozes e carros para me ajudar a trafegar pelas calçadas. Isso funciona até certo ponto, mas, se as coisas à minha volta tornam-se barulhentas demais, fico confuso e não consigo me concentrar nos sons específicos que poderiam de fato me ajudar.

Enfim, pode-se dizer que cada dia é uma experiência fenomenológica em curso.

Isso ajuda a explicar por que, em determinadas passagens deste livro, pareço ser completamente cego, ao passo que, em outras, pareço estar enxergando razoavelmente bem. Resumindo, às vezes eu enxergo, outras vezes, não, e às vezes preencho alguns detalhes com a imaginação.

Deixando de lado o problema dos olhos, nasci com pernas arqueadas, o que me obrigou a usar um daqueles aparelhos de correção durante algum tempo. Vítima de um caso precoce, agudo e brabo, de angústia adolescente aos 14 anos, bolei um plano capenga para me matar, que falhou sistematicamente durante dez anos. Em uma sequência de episódios ridículos, tentei me enforcar, me envenenar, ingerir uma quantidade absurda de comprimidos, me cortar com giletes e todo tipo de estripulias tresloucadas que só serviram para me deixar cheio de cicatrizes — e vivo, o que era ainda pior. Aos 20 anos, levei uma pancada violenta na cabeça, que me causou um leve traumatismo craniano. A lesão no lobo temporal esquerdo, nos anos seguintes, me transformou num projeto de epilético, o que me obriga a tomar um punhado de comprimidos todo dia para prevenir os ataques.

Sofro de insuficiência renal. Já arrebentei o nariz. Meu estômago é uma zona. No meu fígado não gosto nem de pensar. Já tive uns cistos recorrentes, alguns — tipo o do meu tornozelo esquerdo — chegaram a ficar do tamanho de um globo ocular. Por sorte, a maioria pode ser removida tranquilamente na banheira, com algumas doses de Wild Turkey e um canivete.

Tive até um caso bem desagradável de *stigmata* uma vez, mas só no pé direito (ou melhor, *stigmatum*, já que foi no singular).

Houve uma época em que, durante algumas semanas em janeiro de 1999, sofri uns "apagões" bem inconvenientes e constantes, que nada tinham a ver com ingestão excessiva de álcool. Não era tipo desmaiar e cair no chão; em vez disso, comecei a perder fragmentos de tempo. Cinco minutos aqui, dez ali. Cheguei a perder 45 minutos uma vez. Tudo indica que continuava fazendo as coisas normalmente — tomando banho, limpando a casa, fazendo compras no mercado, andando de metrô —, mas não me lembrava de nada quando recobrava a consciência.

Duas semanas antes de me sentar para escrever estas linhas, um neurologista, após examinar os resultados da minha última ressonância magnética, me informou que aparentemente sofro de uma tal "atrofia cerebral prematura". Em termos leigos, significa que meu cérebro está encolhendo numa velocidade alarmante. Não é um troço raro, se o sujeito está na casa dos 60, 70 anos, mas quando está mais para os 30... Para falar a verdade, a notícia até que não me surpreendeu lá muita coisa, o que pode ter a ver com o fato de, ultimamente, eu estar tendo certa dificuldade para andar direito.

Embora não tenha mais nenhum interesse em me matar, episódios ocasionais de "doença mental" dão as caras de vez em quando. Até onde sei, não foi tomada nenhuma providência para tratar o "transtorno de personalidade múltipla" com o qual fui diagnosticado em 1987. Às vezes, sou acometido por paranoias ridículas e medos infundados. Ainda tenho episódios ocasionais de depressão. Tenho muita facilidade para alucinar — e raramente tenho alucinações que valham a pena. Um psicólogo me acusou de sofrer de "despersonalização" e ficou por isso mesmo. (Não perco mais meu tempo com psicólogos atualmente.)

Prefiro me esconder a interagir com as pessoas. Filtro todas as ligações com o identificador de chamadas e já faz tempo que desconectei a campainha do meu apartamento.

Coroando a lista das minhas enfermidades (pelo menos por ora), acho que bebo e fumo além da conta, estou mais para "desajeitado" e, de modo geral, sou medíocre.

Não costumo reclamar muito dessas coisas. Pelo menos, tento não reclamar. É claro que me enchem o saco às vezes — mas, em geral, não creio que valha a pena ficar me queixando. Elas existem e pronto, e, como tal, são coisas com as quais preciso lidar quando necessário, para depois colocá-las de lado e tocar a vida pra frente.

E o que tudo isso tem a ver com tentar escrever um terceiro livro de memórias?

Alguns anos atrás, tive a sorte de conhecer um dos meus romancistas favoritos, um sujeito chamado Tito Perdue. O lance dos romances de Perdue é que eles são mais focados na composição, no estilo e na linguagem do que na trama em si. Perdue, na verdade, despreza solenemente a trama.

"A vida não é esquemática", ele me explicou um dia. "A vida é fluida e ambígua — a vida *não tem* uma trama."

Concordo plenamente com ele e é por isso que reluto quando preciso falar sobre o "significado" do que escrevo. Para mim, os livros e as crônicas que escrevi nos últimos anos não passam de esboços de uma vida, fragmentos de uma existência e os seus "temas", bem, na verdade, são apenas coisas que aconteceram comigo.

Ainda assim, se tivesse que avaliar a coisa toda de fora, acho que poderia — não sem relutância — dizer que escrevi um livro de memórias sobre o declínio do meu corpo (*Slackjaw*) e outro sobre o declínio da minha mente (*Quitting the Nairobi Trio*). E o que ficou faltando? Se você ainda se agarra aos conceitos gastos do Ocidente sobre o que constitui um ser humano, o próximo passo lógico seria levar em consideração o declínio da minha alma. Apesar do papel que o corpo possa desempenhar (e da minha implicância com o termo "alma" em si), o fracasso da alma é o tipo mais perigoso, porque envolve responsabilidade e escolha. E também becos sem saída, como arrependimento e culpa, que, em certos casos, podem ser tão fatais quanto uma insuficiência renal ou um câncer.

Mas, ao mesmo tempo, pode ser o tipo de fracasso mais fácil de ser evitado. Ainda não sei se vou continuar praticando a arte de ser desagradável. Essa decisão, para citar *O Dia em que a Terra Parou*, está em minhas mãos.

JMK, Brooklyn, 2004

CAPÍTULO 1

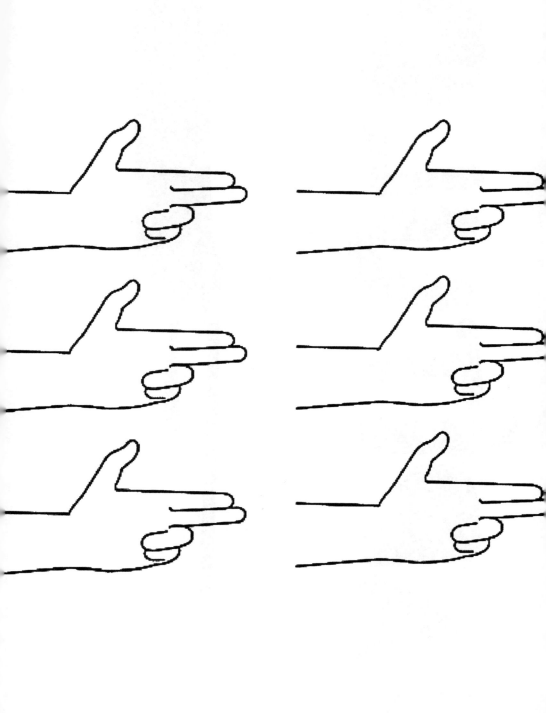

m abril de 1997, o Red River, encorpado pela neve derretida de uma nevasca anterior, subiu 16 metros, ficando oito metros acima do nível de enchentes. A água gelada e imunda devastou as margens do rio com ira bíblica, rompendo as altas encostas dos diques artificiais e avançando furiosamente para tirar do mapa Grand Forks, a cidade em que nasci, na Dakota do Norte.

Quando a situação ficou periclitante, os habitantes de Grand Forks — todos os 50 mil — foram aconselhados a evacuar o local. No fim, só dois mil ficaram. Estima-se que, num período de apenas alguns dias, 90% da cidade tenha sido submersa pela enchente. Praticamente todas as casas e edifícios comerciais da área foram alagados. Por pura ironia, o prédio no centro da cidade que abrigava o jornal foi arruinado por um incêndio em meio a toda aquela água.

Os que foram obrigados a partir, levando consigo apenas o que conseguiam carregar, abandonaram suas casas em cima da hora e encontraram abrigo em uma base da Força Aérea e nos auditórios das escolas locais. Deixaram para trás relíquias de família, fotografias, todos os itens que faziam parte de suas vidas antes de as águas começarem a subir. Quando tudo chegou ao fim, quando o Red River serenou e a maré começou a baixar, veio a boa e extraordinária notícia: ninguém havia morrido.

Não sei explicar por que a destruição de Grand Forks me afetou daquele jeito. Toda semana lemos sobre desastres naturais — incêndios, enchentes, secas, tornados, furacões e terremotos — destruindo a vida de milhares de pessoas em algum lugar do mundo. Geralmente, ouvimos essas notícias e logo as esquecemos, à medida que outras histórias vão ganhando prioridade nos jornais e na televisão. As mais recentes são sempre as mais interessantes. Mas acompanhei as reportagens sobre Grand Forks compulsivamente, rastreando-as à medida que iam rareando e ganhando menos destaque nos jornais.

Não que me lembre do lugar — a minha família levantou acampamento antes de eu completar um ano de idade. E, mesmo tendo passado algumas férias de verão em Grand Forks quando era criança, não me lembrava de nada — nem de um prédio, um nome de rua, um ponto de referência sequer. Então por que me importar com aquilo? Enchentes acontecem o tempo todo. Eu não conhecia ninguém lá e Deus sabe que tinha os meus problemas para resolver. No entanto, quando soube das notícias, me senti vazio, triste, frustrado. Não havia nada que pudesse fazer. E que diabos poderia ter feito? Mandado umas esponjas? Daquelas grandonas? Ou talvez algumas camisas velhas de bandas punk que eu não ia mais usar mesmo?

Na época, nem dinheiro para mandar eu tinha. Só podia acompanhar as notícias e me solidarizar. Eu tinha dificuldade até mesmo para imaginar o nível de devastação, tão distante aquilo era da minha realidade. Já vira tornados e um monte de nevascas, mas nunca uma enchente. Nenhuma grave, pelo menos.

Quando falei com meus pais no telefone sobre a enchente, descobri que eles estavam acompanhando as notícias com a mesma regularidade que eu. Eles me contaram que o hospital no qual nasci foi tragado pela água e que todos os antigos registros médicos, arquivados no porão, haviam sido destruídos.

Meus pensamentos vagaram, como tendem a fazer diante do remoto e do desconhecido. Aos poucos, fui deixando de pensar nos coitados que deviam estar ensopados e tremendo de frio, envoltos em cobertores que lhes pinicavam, sentados em camas de lona do exército, contemplando a possibilidade de refazer seus lares e suas vidas do zero. Comecei então a refletir sobre o lugar no qual eu vivia, no pequeno apartamento no Brooklyn que dividia com dois gatos, milhares de livros que não posso mais ler e uma sacola de lixo pendurada na maçaneta, esperando ser levada para fora.

Não que eu tivesse perdido alguma coisa. Nada tangível, pelo menos. Aquelas pessoas haviam perdido álbuns de família e coleções de cartas escritas pelos avós na virada do século. Teve uma senhora que, em sua fuga desesperada, perdeu a aliança de casamento que a mãe passara para ela. Pessoas haviam perdido suas casas, seus carros, seus empregos. Meu apartamento continuava são e seco, e meus pertences, ainda que escassos, estavam intactos.

Quando soube da real gravidade da destruição, a única coisa que consegui pensar, por mais insensível e egoísta que possa parecer, foi: *a cidade em que nasci morreu.* Era como se um tipo de alicerce metafísico tivesse evaporado sob meus pés. Eu me senti vazio; era como se um dos voluntários que ajudaram na limpeza após a catástrofe tivesse raspado minhas entranhas com uma pá. Me dei conta de que a minha certidão de nascimento, a prova documental concreta de que eu havia nascido um dia, agora não passava de um refugo encharcado da enchente.

Datava de 1965, muito antes de coisas do tipo serem arquivadas em bancos de dados no computador. Era um pedaço de papel mesmo, com estatísticas e assinaturas oficiais, que provava inquestionavelmente que eu chegara ao mundo. E agora, a evidência original, caso precisasse exibi-la por algum motivo, não existia mais.

É claro que eu tinha outros documentos — carteira de motorista, passaporte etc. —, mas a certidão de nascimento era a número um. Sabia que não significava nada, mas, como eu disse, era uma questão metafísica que, à sua maneira metafísica, me deixou à deriva. Após tantas tentativas de me remover fisicamente do mundo, por que diabos eu estava tão preocupado com uma certidão de nascimento?

CAPÍTULO 2

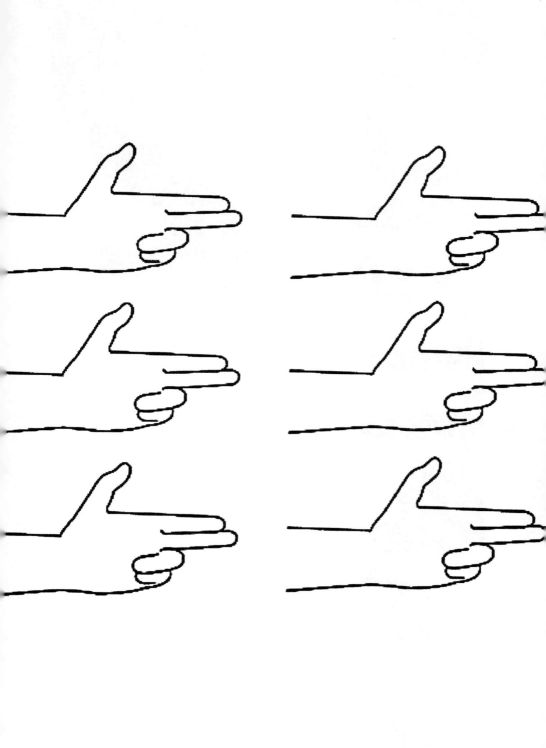

uando eu era pequeno, recebia várias visitas fantasmagóricas no meu quarto. Eu ficava estirado na cama, paralisado de terror, vendo as sombras vagarem pelo quarto. O visitante mais pavoroso e insistente era o caubói solitário, que ficava prostrado entre os brinquedos e os livros no armário, dedilhando um violão caindo aos pedaços e cantando. Nunca cheguei a vê-lo de fato, mas sabia que ele era alto, magro e usava um chapelão branco e uma camisa vermelha típica de caubóis.

Costumava me esconder debaixo das cobertas e dar gritinhos esganiçados até meus pais se arrastarem para fora da cama e virem me salvar. Normalmente, eu esperava o caubói terminar o seu número antes de começar a gritar — o que era o suprassumo da educação, já que eu não gostava muito de música country naquela época. Ele apareceu mais ou menos a cada dez dias, por um período de uns seis meses. Depois disso, nunca mais deu as caras.

Eu também tive que aturar um imenso lobo cinzento que pulou pela minha janela aberta algumas vezes durante a noite em um verão, mas nunca ficou muito tempo.

Havia também o fantasma, que se escondia na despensa do porão e agarrava meu pé sempre que eu subia a escada bamba de madeira para me refugiar na cozinha. Ele começou a aparecer regularmente logo depois de nos mudarmos para aquela casa em 1969, e continuou até que finalmente mudamos, seis anos depois. Todas as vezes em que ousei descer sozinho, ele surgia sorrateiro de algum canto, usando sua longa capa cinzenta com capuz. Assim como o caubói, nunca vi seu rosto, apenas a sombra, mas pelo menos este nunca cantou. Nunca deu um pio, para falar a verdade. Só me perseguia escada acima, tentando agarrar meu tornozelo com seus dedos gélidos de cadáver.

Jesus só apareceu uma única vez. Pode ter sido apenas um sonho, mas me lembro dele até hoje com uma clareza assustadora.

Foi num verão, tarde da noite. O sol já tinha se posto há muito tempo, mas ainda estava quente e abafado e me levantei da cama para ir buscar um copo d'água na cozinha. Passei na ponta dos pés pelo armário, onde o caubói ainda aparecia de vez em quando, e, buscando a maçaneta, tateei no escuro a porta do quarto, que dava para o corredor. Um segundo antes de encontrar a maçaneta, uma luz branca e brilhante tomou conta do quarto. Nenhum calor, apenas uma luz branca intensa e uma levíssima brisa. Me virei para ver o que estava acontecendo e, bem ali, no meio do meu quarto minúsculo, quase obscurecido pela luz que irradiava à sua volta, estava Jesus.

Montado em um cavalo branco, segurando uma espada em riste. Parecia jovem — uns vinte e poucos anos — e tinha cabelo louro que lhe descia pelos ombros. Possuía asas e usava um manto branco e dourado. Considerando que tinha asas, poderia ser apenas um anjo, mas eu sabia que era Jesus, embora ele não se parecesse em nada com a imagem que tínhamos pendurada na parede ao lado do banheiro lá em casa.

Meu quarto na época era minúsculo. Eu tinha sete anos e Mary, minha irmã mais velha, tinha 12. Então, como era de esperar, o quarto menor da casa de dois andares sobrara para mim, justamente o que ficava mais longe de todo mundo. Voltei a me concentrar na porta, tateando em busca da maçaneta, procurando uma saída, mas não havia mais nada lá. A porta estava lisa, sem qualquer formato reconhecível; se é que ainda era uma porta.

O cavalo empinou-se nas patas traseiras, e Jesus brandiu a espada sobre sua cabeça. Tirando o discreto som da lâmina fendendo o ar, tudo estava em silêncio.

Sua aparição não me encheu de paz e conforto. Meu coração não explodiu de amor pelo Nosso Salvador. Eu estava quase cagando nas calças. Jesus ou não Jesus, ali estava um sujeito reluzente montado num cavalo, empunhando uma espada na minha direção — o que vocês queriam que eu pensasse? Acreditava em Jesus — minha família era religiosa —, mas o Deus luterano é um Deus vingativo. Ele não aparece apenas para lhe dizer "E aí, meu irmão" ou dar um tapinha camarada nas costas. Para Ele aparecer significa que você fez uma merda sem precedentes.

Não conseguia imaginar o que havia feito de tão errado — nem sequer entrara na puberdade —, mas, pela cara dele, devia ser algo realmente terrível.

Fechei os olhos com toda força, esperando o pior, antecipando o momento em que ele ia cravar a lâmina no meu corpo ou um dos cascos do cavalo ia quebrar todos os meus dentes. Torcia desesperadamente para que ele fosse embora e me deixasse tomar meu copo d'água. Quando tornei a abrir os olhos, ele havia desaparecido. O quarto estava escuro novamente.

Esquecendo completamente a sede, corri de volta para a cama, enfiei a cabeça debaixo dos travesseiros e comecei a gritar:

— *Mãe! Pai!... Dá pra vocês virem aqui?... Por favor?!*

Alguns minutos depois, minha mãe abriu a porta, grogue de sono e meio contrariada.

— O que foi desta vez? — perguntou ela. — O caubói de novo?

— Não — respondi. — Jesus — disse com minha voz fina e esganiçada, com mais medo de levar um esporro por ter acordado minha mãe do que estava do Filho de Deus em si.

Ela sentou ao meu lado na cama, afagando meu cabelo.

— Jesus não é um monstro — explicou ela, tentando me acalmar. — Você não precisa ter medo dele.

— Mas é que a senhora não viu ele — justifiquei, quase chorando. — Ele tinha uma *ispada*. — Eu ainda não pronunciava bem as vogais.

Ela me trouxe o copo d'água e me acalmou, prometendo que Jesus não ia fazer nada para me machucar. Mas eles falavam a mesma coisa sobre o caubói cantor e o fantasma do porão.

— Ele só canta, não é isso? — perguntara meu pai da primeira vez em que falei sobre o caubói. — Qual é o problema então? Ele canta *mal*?

Eles nunca levaram os visitantes noturnos a sério. Nem a aparição de Jesus. Depois daquela noite, nem sequer tocaram mais no assunto. Talvez estivessem chegando à conclusão de que o filho não batia muito bem. Durante uma semana, dormi mal, tentando manter meus olhos abertos para evitar que Jesus aparecesse de fininho.

Ele nunca mais tentou me pegar de surpresa, mas aquela visita plantou a semente de algo estranho em minha cabeça.

Aos 11 anos, depois que nos mudamos para uma casa nova na mesma vizinhança em Green Bay, eu me tornei obcecado por Jesus. Para ser mais específico, eu me tornei obcecado com a crucificação. Só agora estou descobrindo que isso era muito comum entre os meninos católicos e protestantes. Acho que é porque a crucificação parece algo saído de um filme de terror. Primeiro, os romanos torturaram Jesus e o pregaram numa cruz, como a gente via Peter Cushing fazer com os hereges nos filmes do antigo estúdio Hammer sobre os julgamentos das bruxas de Salém. Depois, ele renasceu dos mortos e ficou zanzando por aí, deixando as pessoas enfiarem o dedo em suas feridas, como num filme de zumbis do George Romero, sendo que Jesus não devorou ninguém (embora todo domingo seu corpo e sangue sejam devorados, o que é algo bizarro).

Passei tardes inteiras de verão debruçado sobre livros com reproduções de pinturas da crucificação, estudando os mínimos detalhes: os pregos, as chagas, a quantidade de sangue, o formato da cruz em si, a coroa de espinhos, as expressões faciais dos guardas e das testemunhas.

Minha mãe achava isso estranho e doentio.

— Está um dia tão bonito lá fora — dizia ela, ao me ver compenetrado diante de um livro de pinturas religiosas. — Por que você não sai um pouco para brincar ou liga para um amiguinho?

— Não, estou bem, estou ótimo — respondia, sem sequer desgrudar os olhos da carnificina.

Aos 13 anos, já havia perdido o interesse por Igreja e religião em geral. Eu era metido a esperto, adorava ciências, e a religião simplesmente deixara de fazer sentido para mim. Comecei a ler Marx e logo me transformei em um bom ateu.

Na adolescência, quando se espera que os filhos briguem com os pais por causa da hora de chegar em casa, por causa das roupas, dos amigos ou se vão poder ou não pegar o carro emprestado, as únicas discussões que tive com os meus foram sobre política e religião. E às vezes o pau comia de verdade.

Apesar de tudo isso, quando ainda estava na escola, fui duas vezes à missa para ver (e, com sorte, impressionar) uma menina na qual estava interessado. Ela era do tipo carola e eu queria mostrar que tinha a cabeça aberta no quesito religião. Depois de duas missas, fiquei tão de saco cheio que tive de admitir a mim mesmo que minha cabeça não era tão aberta assim. Nunca mais voltei. Por mais bonita que fosse a menina, fingir que estava interessado no catolicismo era uma mentira deslavada demais para o meu gosto. Dizer a ela que havia "encontrado a fé" ou "renascido em Cristo" (ou seja lá o que dizem os católicos) implicaria duas coisas: ter que aparentar uma coisa que eu não era e manter o fingimento pelo menos por algum tempo, coisa que eu não estava disposto a fazer.

E ela provavelmente nem iria topar sair comigo mesmo. Ninguém topava. Nunca tive talento para namorar. Na adolescência, era tímido demais para convidar as meninas para sair e desconfiado demais para levar em consideração a hipótese de alguém querer de fato sair comigo. Não era bonito, atlético, nem andava na moda. Era esquelético e desleixado. Um *nerd*, um *geek*, sempre enfiado nos livros, sempre à margem. Meus óculos eram tortos e eu tinha *dificuldade* para pentear o cabelo. As coisas que eu achava absolutamente hilárias normalmente deixavam os outros (sobretudo as meninas) com uma cara confusa e preocupada. Não tinha muitos amigos, nem queria ter, e os poucos que tinha se encaixavam mais ou menos na descrição acima.

Resultado: saí com uma garota exatamente uma vez. Foi no último ano do colégio; fomos ver *Gandhi* no cinema.

Na saída, a menina que estava comigo — meiga, mas do tipo sensível — não achou graça nenhuma quando expliquei por que ficara decepcionado com o filme. Era maluquice, eu disse a ela, que, depois de ver Gandhi ser metralhado na primeira cena, eu fosse obrigado a ficar mais *três horas* sentado no cinema até ele ser metralhado de novo.

Fui um jovem bem legal. Era educado, bem-comportado, tirava boas notas etc. e tal. Mas alguma coisa que não sei precisar deu errado no final da minha adolescência. Tudo o que queria fazer era destruir as coisas, ofender as pessoas, viver uma vida de caos perpétuo.

Dei para pichar figuras grosseiras e slogans antirreligiosos na porta principal das igrejas fundamentalistas locais (havia várias em Green Bay). Saía tarde da noite, quando sabia que as ruas estariam desertas, passava casualmente na frente de uma igreja e sacava uma lata de *colorjet* ou uma caneta hidrocor. Fazia o estrago e me mandava. Na semana seguinte, depois de terem pintado a porta, eu voltava e fazia a mesma coisa outra vez. Nunca fui pego.

Além de estar fazendo tudo o que podia (por mais inútil que fosse) para destruir a religião (ou, pelo menos, deixá-la um pouco irritada), também assumira um programa improvisado de autodestruição consciente. Pode ter sido um caso grave de hormônios ou, quem sabe, o Diabo em pessoa se aproveitando da minha fé recém-perdida.

A primeira tentativa foi no inverno, logo depois da escola. Eu já estava deprimido há algum tempo, mas um dia a coisa ficou realmente séria. Estava frustrado com as aulas, cansado de ser perseguido e sacaneado, não gostava da minha aparência, dos meus modos, dos meus sentimentos. Resumindo, estava de saco cheio de ser eu.

Meus pais trabalhavam fora e eu sabia que ainda tinha algumas horas pela frente antes de eles chegarem. Após ter fechado a porta da sala, subi para o meu quarto, coloquei *Tristão e Isolda*, de Wagner, para tocar e comecei a tentar *me quebrar* de alguma maneira. Dei com a cabeça o mais forte que pude no batente da porta, choquei-me contra as paredes e me atirei da escada.

Obviamente, nenhuma dessas tolices resultou em algo além de umas manchas roxas. Eu ainda era um iniciante. Sabia que queria morrer, mas não fazia ideia de como a tarefa ia dar trabalho.

Mais ou menos uma hora depois, voltei para o meu quarto, mais calmo, mancando, dolorido, mas me sentindo muito melhor por pelo menos ter tentado. Abaixei o som e fui fazer o meu dever de casa.

Nos anos seguintes, quando sentimentos e decisões semelhantes reapareceram, eu costumava atribuí-los às visitas dos Espíritos do Mal. Eu não acreditava de fato na existência de espíritos demoníacos invisíveis, mas eles me forneciam uma explicação conveniente para o motivo de eu tentar machucar a mim mesmo e aos outros.

Pouco depois de começar a faculdade, outro Espírito do Mal apareceu, só que dessa vez em uma forma inequivocamente humana. Ao contrário dos seus predecessores, ele não me incitava à autodestruição. Mas, assim como eles, me dava uma desculpa conveniente (e bastante incentivo) para começar a praticar maldades.

Uma tatuagem em um dos braços levou-me a chamá-lo simplesmente de "Grinch".

CAPÍTULO 3

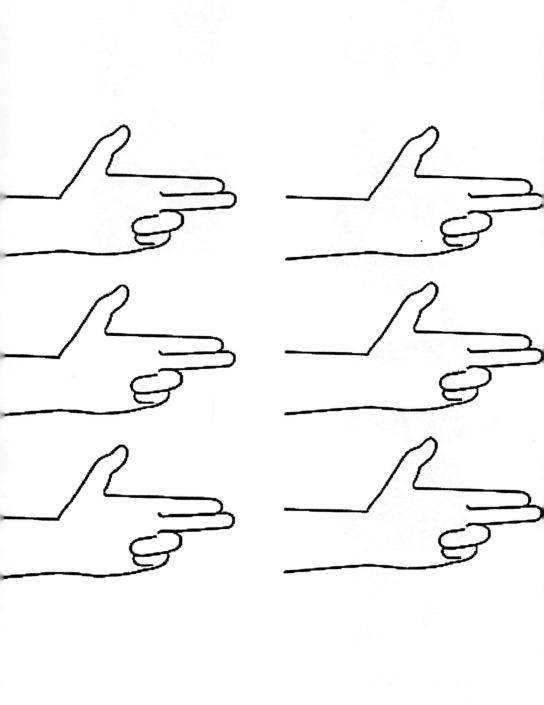

u estava morando num pardieiro em Madison, Wisconsin, e cursando Filosofia. Tinha começado Física na Universidade de Chicago, mas isso não deu muito certo e acabei indo fazer Filosofia na Universidade de Wisconsin.

Grinch, por acaso, fazia o mesmo curso que eu. Era um sujeito forte, atlético, com cabelo bem preto encaracolado, um sorriso malicioso e a fala arrastada (que talvez fosse resultado do ano passado no exército). Um interesse em comum por Nietzsche, punkrock, filmes e destruição generalizada nos transformou em amigos instantaneamente em apenas alguns dias.

Grinch era uma raridade, um dos poucos verdadeiros sociopatas que conheci em minha vida. Ele fazia todas as coisas grotescas que lhe vinham à mente, e sempre se safava. Juntos, o nosso objetivo era infernizar a vida de quem estivesse por perto.

No início, eu tinha um pouco de medo dele. A primeira vez em que apareceu na minha casa, levou um pé de cabra. Uma semana depois, cortou o cabelo ao estilo moicano, *à la* Travis Bickle,* para chamar a atenção durante uma visita do Presidente Reagan a Milwaukee. Tinha

---

* Travis Bickle é o nome do personagem de Robert De Niro no filme *Taxi Driver* (1976), dirigido por Martin Scorsese. (N.T.)

ficha na polícia e havia consumido todas as drogas das quais eu já ouvira falar. Não era um sujeito de se impor limites e era muito mais macabro do que qualquer outra pessoa que eu conhecia.

Tinha um enigmático carisma — o carisma exuberante e elétrico de um jovem Crispin Glover.* Era muito bonito, apesar do coração das trevas, e as mulheres viviam atrás dele. Sua audácia quando confrontado com qualquer coisa, desde moleques da faculdade de porre até tiras armados até os dentes, lhe garantira o respeito dos homens também.

Embora ele fosse a todos os protestos e quase sempre liderasse os ataques aos policiais, não tardou muito para eu perceber que Grinch não estava nem aí para nada daquilo. Ele só gostava de violência, mesmo.

Para completar, era um crânio. Sempre admirei pessoas inteligentes, mas, no caso de Grinch, chegavam a ser assustadoras as ideias que ele tinha. Era muito mais culto do que eu e, apesar de tudo, levava muito a sério os estudos.

E mesmo sendo a maldade personificada, era um daqueles tipos perfeitos — bonito, atlético, inteligente. Não fosse pelo seu lado "cruel", eu o teria detestado. Confesso que me sentia orgulhoso por ele ter escolhido uma besta como eu — um moleque simplório com maus modos — para ser seu parceiro no crime.

Antes, eu não passava de um ladrãozinho de lojas e me contentava com pequenos atos de vandalismo. Poucos meses depois que nos conhecemos, ele já havia me ensinado a arrombar prédios, roubar de verdade, beber e fumar. Arrebentamos muita coisa juntos, desde janelas até equipamentos de construção. Criamos um partido político e, mais tarde, uma banda. Sabotamos a campanha de um candidato local ao governo sem motivo algum e fomos (segundo os jornais)

---

* Glover, que ficou conhecido pelo seu papel como George Mcfly em *De volta para o futuro*, é conhecido por ser uma das personalidades mais intrigantes e excêntricas da indústria cinematográfica. (N.T.)

investigados pelo FBI. Foi ele quem, numa noite de porre, me deu o apelido de Slackjaw, uma espécie de caipira bobalhão e ignorante, que talvez me acompanhe pelo resto da vida. Ao longo dos anos, cultivamos um incentivo mútuo que visava a expandir (e aprofundar) todos os limites de um comportamento depravado e antissocial. Podia ser algo simples como acender um charuto imenso tipo mata-ratos em um elevador lotado ou em uma loja chique de suéteres. Ou improvisar na rua um show da nossa banda, Os Amplificadores da Dor, às três da manhã de uma quarta-feira, durante a semana das provas finais. Podia ser entrar num ônibus carregando um machado imenso, incitar o caos em um protesto previamente pacífico ou ameaçar colocar fogo em um cachorrinho de seis meses nos degraus do Wisconsin State Capitol. Até mesmo os marginais da cidade nos rejeitavam, algo que não julgávamos ser possível. Grinch me ensinou as maravilhas, o valor intrínseco e o puro deleite do comportamento sociopata. Fazíamos tudo que nos dava na telha.

Como éramos ambos graduandos em Filosofia, era fácil justificar as nossas atitudes naquela época. Podíamos até mesmo citar referências textuais, como qualquer outro acadêmico que se levasse a sério.

"Eis uma conduta", escrevera um francês chamado Lyotard em um livro que eu sempre carregava comigo. "Intensifique, piore, acelere a decadência. Adote a perspectiva do niilismo ativo, ultrapasse o mero reconhecimento — seja depressivo ou admirável — da destruição de todos os valores."

Aí está. Este se tornou o nosso credo, e nós o seguíamos religiosamente.

Grinch estava alimentando algo que já existia em mim muito antes de nos conhecermos. Para mim, a pergunta sempre foi: "De onde vem tudo isso?" Os meus pais eram gentis e amáveis. Cresci em um lar estável de classe média, em uma área pacata de uma cidade pequena em Wisconsin. Não tinha do que me queixar. Que diabos havia de errado comigo então?

Talvez fosse Vovô Roscoe se manifestando através de mim.

Quando eu tinha uns 12 ou 13 anos, certo dia meu pai comentou que eu era muito parecido com o meu avô Roscoe. Na época, não entendi direito o que ele quis dizer com isso. Eu não me lembro de Roscoe, que morreu quando eu era muito pequeno. A única evidência de que nos conhecemos é uma fotografia de família. Roscoe era um homem enorme, com cabelo ralo, óculos de grau marrom e suspensórios. Na fotografia, ele está sentado em uma cadeira de balanço. Eu devia ter uns seis meses, os olhos arregalados e confusos, empoleirado na sua grossa coxa direita. Ao longo dos anos, ouvi algumas histórias a seu respeito.

A primeira foi quando ele flagrou o meu pai — na época, com uns nove ou dez anos — mascando um naco de fumo atrás do celeiro da fazenda. Quando Roscoe apareceu, meu pai teve certeza de que a coisa ia ficar feia.

— Humm, isso aí é bom demais, não é? — perguntou Vovô Roscoe ao meu pai.

— Se é! — respondeu meu pai, todo contente, mastigando aliviado por não receber a bronca que esperara.

— Você sabe o que fazer agora, não sabe? — Roscoe perguntou a ele.

— Não...

— Você tem que *engolir*.

Meu pai contou que ficou duas semanas de cama, doente até dizer chega. Mas jamais tocou em tabaco novamente na vida.

Mas minha história favorita de Roscoe tem a ver com seus problemas com o Estado.

Depois de vender a fazenda da família na região noroeste de Wisconsin, Roscoe foi trabalhar como eletricista. Nunca estudou para isso, aprendeu sozinho, por tentativa e erro. Ele era bom nessas coisas. Tão bom que se tornou inventor também, criando e construindo novas peças à medida que ia precisando delas.

Para trabalhar no Hudson todas as manhãs saindo da casa da família em Hammond, ele tinha que passar de carro pela ponte coberta sobre o pequeno rio Hudson.

Um dia, sem que Roscoe tivesse sido consultado a respeito, determinaram que, para atravessar a ponte, todos teriam que pagar um níquel de pedágio.

Roscoe achou aquilo uma imbecilidade. Atravessava aquela ponte há anos sem pagar um centavo e agora queriam que ele pagasse cinco?

Bom, tudo *bem*, então. Ele ia pagar o maldito níquel — mas do jeito dele.

Saiu para trabalhar no dia seguinte com uma moeda para o pedágio, uma pinça e um isqueiro.

Quando foi se aproximando da ponte, pegou a moeda com a pinça e, usando o isqueiro, esquentou o metal até ele ficar em brasa. Ao passar pelo coletor de pedágio, depositou a moeda quase derretida na palma esticada do coitado.

Três dias depois, o sujeito já reconhecia o carro do meu avô de longe e o deixava passar direto sem pagar.

Não entendi a ligação quando meu pai mencionou minha semelhança com Roscoe pela primeira vez, porém, mais tarde, ela se tornou óbvia para mim — com uma pequena diferença. As peças que ele pregava, por mais cruéis que pudessem parecer pelos nossos padrões atuais (ele, na certa, seria preso hoje em dia), tinham uma razão de ser e serviam para ressaltar sua opinião. Opinião que, vejam bem, ele normalmente deixava bem clara. Já comigo a coisa não funcionava bem assim. As peças e pequenas infrações que eu e Grinch cometíamos obedeciam ao verdadeiro ideal niilista — não tinham propósito algum, nenhum objetivo em mente. Era apenas algo que fazíamos por puro tédio.

Pensando bem agora, fico admirado por, tendo em vista nosso currículo, não termos considerado matar alguém só por diversão, no melhor estilo Leopold-e-Loeb.* Nunca chegamos a discutir o assunto

---

* Nathan F. Leopold Jr. e Richard Albert Loeb. Estudantes da Universidade de Chicago que mataram Bob Frank, em 1942, de 14 anos, porque queriam cometer um crime perfeito.

a sério. A ideia surgiu, brincamos a respeito, mas nunca sentamos e traçamos planos concretos para levá-la a cabo. Ainda assim, algumas coisas que aprontamos vão muito além do que pode ser considerado "uma brincadeirinha inocente". Acender charutos em lugares proibidos era uma coisa, mas algumas coisas que fazíamos para espantar o tédio eram bem mais radicais do que isso.

Grinch me ligou numa noite de novembro, durante nosso último ano na faculdade. Sua voz estava trêmula, com uma mistura de fúria e júbilo. *"Eu quero fazer uma coisa"*, anunciou ele quando atendi o telefone. *"Vou fazer... Quero incendiar tudo."*

Não era apenas mais um capricho de Grinch, nem um plano para nos livrar do tédio por algumas horas. Dessa vez, Eles o haviam rejeitado. Não importava quem eram Eles, por que o haviam rejeitado e de quê. A única coisa que importava era que Eles o haviam rejeitado. Era motivo suficiente. Como se precisássemos de algum.

— Vou queimar a porra toda — repetia ele.

Havia algo tão inocente e franco em sua voz que foi difícil resistir. Grinch era como uma criança. Uma criança perversa e sádica, sem dúvida um filho de Satã como se vê nos filmes, mas, ainda assim, uma criança.

— Está bem — concordei. — O que você quer que eu leve? E onde vamos nos encontrar?

Era simples assim. Sem questionamentos, sem dilema moral. As únicas perguntas cabíveis eram "o que" e "onde". Grinch quer colocar fogo em um prédio sei lá onde, sei lá por quê? Tô dentro. Era assim que eu pensava e agia naqueles dias simples, pródigos em aventuras. Talvez fosse estranho não esbarrar em qualquer dilema moral quando se trata de algo como incêndio criminoso (ou qualquer outra coisa que aprontávamos), visto que éramos alunos de Filosofia, mas era assim que funcionava. Terminávamos rejeitando tudo com a maior tranquilidade. O único valor que abraçávamos era a aniquilação.

— Vem pra cá — disse Grinch. — Traz fósforos, um prego e um martelo, se tiver. Se não, dou um jeito por aqui mesmo.

— Eu tenho um martelo.

— Ótimo. Nos vemos em meia hora. Vamos botar pra foder.

Eu era um marginalzinho insignificante há algum tempo, mas não um incendiário. Embora nunca fosse admitir isso para ele, ou para mim mesmo, desliguei o telefone um pouco apreensivo com aquela súbita convocação, que podia acabar em anos de cadeia ou ferindo e matando alguém de verdade. Também estava assustado com a voz esquisita que estava saindo da boca de Grinch. Era franca e infantil, ok, mas fria e sem vida ao mesmo tempo. Tentei tirar aquilo da cabeça. Grinch podia ser assustador às vezes, mas, sempre que ele ficava daquele jeito, eu sabia que algo interessante estava por vir.

O prego não era problema, os fósforos estavam na minha escrivaninha e o martelo, debaixo da pia da cozinha. Era presente do meu pai, na esperança de que um dia eu aprendesse a fazer algo útil com ele.

Consegui colocar tudo nos bolsos da minha capa. Cheguei a pensar em inventar um suporte improvisado dentro do casaco, como Raskólnikov, aquele maluco de *Crime e Castigo*, mas o tempo estava correndo. Estava na hora de partir.

Peguei tudo o que ele pediu? Peguei.

Que diabos eu estava fazendo?

*("I went down, down, down — and the flames went higher...").**

Era início do inverno, a neve começava a cobrir as ruas e calçadas, e eu ainda era jovem o bastante para crer que podia incendiar o mundo inteiro. Que era, basicamente, o que eu pretendia fazer naquela noite — ou, pelo menos, ajudar a fazer.

O prédio que Grinch dividia com mais uns 20 estudantes não ficava longe do meu soturno e fétido apartamento. A neve estava molhada e escorregadia, e os postes acesos, fustigados pela neve que não

---

* Da música "Ring of Fire", de Johnny Cash. (N.T.)

parava de cair, emitiam um estranho brilho adamascado sobre a vizinhança, como se já estivesse em chamas.

Os meus temores e receios iniciais haviam praticamente desaparecido. Já não me preocupava se o que estávamos prestes a fazer era fatal. Ilegal, sim, mas isso não importava. Errado? Não. Fatal? E eu com isso?

O martelo e o prego continuavam um mistério. Os fósforos eram bem óbvios. Mas o martelo e um único prego? Para que iam servir? Passei metade do caminho encucado com aquilo. Seria uma espécie de cronômetro primitivo? Nós os usaríamos para arrombar o prédio? Seria o nosso álibi depois, quando fôssemos pegos e interrogados?

Escorregando pela entrada de veículos encharcada de neve, tentando ao mesmo tempo evitar esbarrar nos carros estacionados e me escorando neles para me apoiar, finalmente cheguei ao pátio apagado do alojamento de estudantes caindo aos pedaços que ele dividia, ironicamente, com um punhado de hippies. Por dentro, o prédio sempre cheirava a peixe podre e fumaça.

Grinch estava me esperando próximo à porta, sorrindo como uma caveira. Eu tinha que admitir: as coisas andavam muito paradas ultimamente.

— Trouxe tudo? — perguntou ele.

Tirei os fósforos do bolso direito do casaco.

— Fósforos.

Do bolso esquerdo, saquei o prego.

— Prego.

E, novamente do direito, o martelo.

— Martelo.

— Ótimo.

— Para que isso, afinal?

— Os fósforos?

— Tô falando sério.

— Ah... o martelo e o prego?... Para podermos entrar no prédio.

Como eu imaginara. Pelo menos, era uma das minhas hipóteses.

— Beleza, mas como?

— Quebrando o vidro. Se a gente souber fazer direitinho, dá pra fazer com o prego e o martelo, sem barulho. Bem, pelo menos é assim que funciona com os carros. A gente quebra o vidro de uma das portas, enfia a mão, cata a fechadura e abre. Fácil pra caralho.

Grinch parou subitamente de sorrir quando olhou para os meus pés.

— A bota — disse ele.

— Hein?

— Está nevando.

Ele tinha razão. Foi só então que me toquei. *Merda*. Neve. Pegadas. Na época, eu tinha mania de usar tênis num pé e bota no outro. Não sei por quê. Acho que era uma atitude punk-rock, sei lá. Mas, naquela noite, era uma atitude que na certa nos faria ser pegos, julgados, condenados e enforcados, tudo por causa das inconfundíveis pegadas das botas na neve fresquinha. Ela nos entregaria tão prontamente quanto se ficássemos diante do prédio em chamas assando marshmallows e dando risadinhas malandras até a chegada do Corpo de Bombeiros.

— Puta que pariu! E agora?

Vai ver foi algo inconsciente. Confesso que, por mais que lutasse para ignorá-la, ainda não havia digerido muito bem a ideia de cometer um crime de verdade. Mas estava disposto a ir até o final.

Mais ou menos.

Do jeito que as coisas estavam, não ousávamos nem sair do apartamento.

— Calma, vamos fazer o seguinte: — disse a ele — a gente dá um pulo lá em casa e eu coloco o outro tênis ou a outra bota. Qualquer um dos dois. Sacou? Não tem problema.

— Não, eu tive uma ideia melhor — disse ele, ainda franzindo a testa. — Vamos descer.

No porão, ele remexeu em uma caixa com roupas para doar e sacou dois pares gigantes de meias de lã.

— Coloca por cima das botas. Elas vão dar uma distorcida nas pegadas, vai ser impossível identificar ou seguir nosso rastro.

Mas, por mais que eu tivesse me esforçado, até mesmo com a ajuda de Grinch, não consegui calçar a meia por cima da bota dura de couro. Não entrava de jeito nenhum. O lance era trocar um dos sapatos mesmo e pronto.

— Não, tive outra ideia — disse Grinch, jogando as meias de volta na caixa. — Você tem um *terceiro* par de sapatos na sua casa? Um que você possa jogar fora?

— Não, só tenho estes aqui mesmo.

— Hum... Tudo bem. Vamos ter que catar um aqui, então. — Subitamente, ele teve outra ideia: — Um não, dois. É. Agora, precisamos de um líquido inflamável. E sei exatamente onde procurar.

Por algum motivo, isso não me surpreendeu nem um pouco. Fui andando atrás dele e me embrenhando cada vez mais nas entranhas pardacentas e cobertas de óleo do alojamento. Desci um lance de escadas, meus pés fazendo a madeira ranger a cada passo, até o subsolo imundo e gelado. Havia uma única lâmpada pendurada no teto e Grinch a acendeu, empurrando em seguida uma porta de metal e descendo mais alguns degraus até um buraco ainda mais enterrado, onde acendeu uma lâmpada de 60 watts empoeirada.

O lugar era capaz de provocar um pesadelo ou um sonho erótico em qualquer bombeiro que se preze. No restrito cubículo de concreto que servia como "subsubsolo", sobre paredes cobertas com babaquices hippies (margaridas, sinais de paz e slogans sobre os sandinistas), havia produtos químicos em dúzias de recipientes, de tamanhos e cores variadas. A sombra provocada pela lâmpada suja os deixava ainda mais assustadores. Tintas, solventes, óleo, gasolina — tudo misturado com tábuas de madeira rachadas e trapos retintos de fuligem nas prateleiras. Até algo trivial como um espirro poderia provocar combustão instantânea naquele lugar.

Grinch correu os olhos pelo local, dando a impressão de saber exatamente o que estava procurando.

— Aqui está.

Afastou várias latas de spray e garrafas respingadas de tinta cobertas de advertências e apanhou uma lata de alumínio grande e quadrada dos fundos de uma das prateleiras.

Querosene.

Grinch desenroscou a tampa. Em seguida, derramou um pouco do líquido no chão de concreto.

— Me dá um fósforo.

— *O quê?*

— Temos que ver se vai queimar mesmo.

— Grinch, pelo amor de Deus, é *querosene*, *claro* que vai queimar.

Na maior parte do tempo, Grinch simplesmente não ouvia o que as pessoas tinham a dizer. Era uma virtude assustadora, quase invejável, infinitamente frustrante. Ele tinha o dom de ficar surdo quando queria. Parado com a mão estendida, esperando que eu lhe passasse os fósforos e fitando a lata de querosene no chão, ele simplesmente ignorou o meu comentário. Ainda relutante, acatei seu pedido.

Ele tirou um dos fósforos da caixinha e o acendeu.

— Para trás — disse ele.

Eu estava pronto para sair correndo.

Quando o fósforo atingiu o querosene, a pequena poça se transformou em uma bola de fogo, clara e viva.

Grinch comemorou com gritinhos e uma risada maléfica, pulando e batendo palmas como uma criança diante de um brinquedo novo.

— Rápido, vamos apagar isso e dar no pé.

Grinch apagou a fogueira com o casaco e eu, com uma tábua de madeira. Extinguimos depressa nosso pequeno inferno industrial, depois nos entreolhamos com uma inegável fagulha de alegria nos olhos e um sorriso pregado no rosto.

— Vamos?

Assenti com a cabeça e subimos de volta ao porão, carregando a lata de querosene. Eu ainda não tinha entendido direito por que íamos fazer aquilo. Do que ele havia sido rejeitado e por que Eles o haviam rejeitado — eu não sabia nem quem eram Eles. Não sabia nem o que nós íamos incendiar. Esperava que tudo isso me fosse revelado na hora certa — mas, quanto mais envolvido ficava, menos importância tinha o motivo.

Após alguns minutos de busca frenética, Grinch descolou dois pares de sapato velhos.

— Aqui, experimenta estes.

Enquanto eu lutava para enfiá-los nos pés, levantei a cabeça e perguntei: — Então, qual é o plano?

— Seguinte: está nevando e as pegadas vão ser um megaproblema. Vamos levar estes sapatos junto com o resto das coisas na sua mochila.

— Não trouxe a minha mochila.

— Tá, na *minha* mochila, então. No caminho, vamos pegar ruas bem movimentadas e andar para cima e para baixo. A gente pode entrar e sair do máximo de prédios que puder. Mesma coisa na volta, caso eles usem cães para nos rastrear. A gente vai foder eles bonito com duas trilhas, confundindo o faro o máximo possível. Aí, a gente para na biblioteca ou em qualquer prédio perto do East Hall e troca os sapatos, deixando o par antigo lá. E só depois a gente vai para o prédio em si.

— E aí?

— Quando chegarmos lá, vamos usar o prego para quebrar o vidro de uma das portas dos fundos e entrar. Lá dentro, assim que nos certificarmos de que não tem nenhum zelador na área, vamos procurar a sala de um sujeito chamado sr. Andrew Hansford. Fica no segundo andar, perto da escada. *Filho da puta* desgraçado! Aí é só jogarmos a "água benta" na porta, fazendo questão de encharcar a moldura, o revestimento e o belo e encerado chão de carvalho. A gente coloca tudo pra queimar e se manda. Simples assim.

Ele sempre dizia isso.

— Depois, a gente fica perambulando um tempo, volta, troca os sapatos de novo, se separa e joga os sapatos fora, cada pé em uma lixeira diferente. E aí é voltar para casa e esperar a história nos jornais de amanhã.

Foi então que ele finalmente me contou o que havia acontecido. Grinch estava para se formar no mês seguinte, assim como eu. Mas descobrira, naquela tarde, que um administrador da universidade chamado Andrew Hansford — o sujeito responsável por estas coisas — havia decidido que o curso de Artes de dois créditos que Grinch estava fazendo não contava para fins de graduação. Desse modo, ficava faltando um crédito e, por causa dele, Grinch teria que passar mais um semestre inteiro na universidade.

Era por isso que íamos incendiar a sala de administração.

Àquela altura, eu já estava ficando preocupado novamente. Os olhos de Grinch estavam vidrados, e sua voz ganhara um tom monótono, metódico, firme. Íamos fazer mesmo aquilo. Íamos incendiar um prédio. Não era como arrombar portas, jogar caixas com jornais no lago ou passar um trote. Era algo que podia nos colocar na cadeia por um bom tempo.

E, embora eu nunca tenha achado que tivesse um grande futuro pela frente — na verdade, não julgava ter futuro algum —, isso significava jogar tudo pro alto. Novamente, senti um átimo de medo. Aquilo estava saindo do controle.

— Ei, Grinch...

— Hum?

Ele estava ocupado enfiando coisas na mochila de náilon: o querosene, os sapatos, os fósforos. Eu continuava com o martelo e o prego no bolso do casaco.

— Grinch, olha só. Não temos nada a nosso favor esta noite. Está nevando, vamos deixar pegadas. A cidade vai estar lotada de gente. Qualquer um pode nos reconhecer. Não podemos nos dar ao luxo de cometer o menor erro. Então, por que não esperamos mais um dia e planejamos tudo com calma? A gente pode se proteger mais. Não podemos fazer merda agora.

Grinch continuava arrumando a mochila, pensando no que eu havia acabado de dizer — se é que ele me escutara.

— Olha — disse ele, finalmente —, não tem erro. Se continuar nevando assim, quando amanhecer, nossas pegadas já vão estar cobertas. E, mesmo que não estejam, vamos trocar de sapato. Por ter muita gente nas imediações do prédio, vai ser ainda mais fácil passar despercebido. Porra, se você tenta armar uma coisa dessas às três da manhã e é a única pessoa na rua num raio de quatro quarteirões quando a polícia e os bombeiros chegam, você é um homem morto. Eles te executam na hora. Se você pensar bem, está tudo a nosso favor. Tanto que, para falar a verdade, somos praticamente *obrigados* a fazer isso hoje à noite.

Bem, ele tinha razão.

Grinch fechou a mochila, colocou no ombro e lá fomos nós, fazer acontecer.

Seguimos o plano à risca: passamos pelas ruas mais movimentadas, pisamos sobre as pegadas de outras pessoas, entramos e saímos de cinco prédios diferentes — lojas, edifícios, prédios comerciais —, sempre passando por portas diferentes, na entrada e na saída, explorando andares diferentes, pegando elevadores, zanzando pelo subsolo.

Como já imaginávamos, havia algumas pessoas passeando naquela noite pela neve. O tipo romântico. Não eram muitas e nem sequer prestaram atenção aos únicos que não tinham aquela fagulha de melancolia no olhar.

A três prédios do nosso destino naquela noite, Grinch me puxou por uma entrada obscura até um vestíbulo iluminado no primeiro andar da biblioteca de Música.

De novo?

Antes que começássemos a andar pelo prédio, Grinch agachou-se no poço da escada, tirou a mochila das costas e começou a tirar os sapatos.

— Tira os sapatos.

Enquanto eu desamarrava os cadarços, Grinch sacou da mochila os pares que iríamos usar para despistar e jogou um aos meus pés. Eram apertados para mim, mas dava para aguentar durante o tempo necessário para colocar fogo no prédio. Peguei os dois pares que havíamos tirado e lancei na escuridão sob a escada.

E pronto. Ou quase.

Demos mais uma volta rápida, sem rumo, pelos cantos e frestas imundos dos prédios, subindo e descendo escadas, pegando elevadores, entrando no máximo de salas de aula e corredores que pudemos encontrar. Embora não tivéssemos nenhuma pinta de violoncelistas ou tocadores de oboé, ninguém nos notou.

Voltamos para a rua. A neve caía ainda mais grossa em flocos encharcados. Assim que dobramos a esquina da biblioteca de Música, nosso objetivo — o objetivo de Grinch, que se tornara também a minha meta — pôde finalmente ser avistado: um oásis negro, proibido e convidativo.

E, de mais a mais, era um prédio bem feio.

Examinamos rapidamente os arredores. Três pessoas caminhavam na nossa direção, conversando aos berros:

"... pois é, Freud ia se divertir com esse filme..."

"... é, e meu Deus, todos aqueles anões, que coisa insuportável..."

Passaram sem nos notar.

Quando já haviam se afastado bastante, nos apressamos para o canto mais escondido do East Hall. Havia quatro entradas, mas apenas uma dava acesso fácil à sala de Hansford.

O prédio estava escuro. Escuro significava sem zelador, o que significava nada de acusação por homicídio culposo.

Perambulamos pelo prédio duas vezes, avaliando nossa situação, nossa escolha, nosso plano, até que Grinch finalmente se deteve diante de uma das portas dos fundos. Estava embutida em um arco de concreto com tijolos e tinha uma moldura branca de madeira. Era mais afastada da luz e das testemunhas por perto.

Por que estamos fazendo isso mesmo?, tentava me lembrar.

— Me passa o martelo e o prego. Se der certo, não vai fazer nenhum barulho. Se não der, prepare-se para correr.

Ele posicionou o prego no canto inferior direito da porta e ergueu o martelo apenas alguns centímetros acima da cabeça do prego antes de descê-lo com força.

TUM.

Corremos desembestados até o canto do prédio vizinho e nos escondemos atrás de um arbusto. Estávamos, os dois, tentando segurar um riso nervoso.

— Acrílico — sussurrou Grinch, finalmente. — Deve ser novo. Estavam esperando a gente.

— Ou alguém como nós. Eles devem foder com a vida de muita gente aí dentro; então, precisam se preparar para este tipo de coisa.

— Merda, viemos até aqui, não vou deixar estes filhos da puta escaparem assim tão fácil.

— Como assim?

— Vem comigo.

Enquanto Grinch abria a mochila e tirava a lata de querosene, eu vigiava pedestres sem rumo, espiões do governo e policiais.

— Toma, segura isso aqui — disse ele, entregando a mochila para mim. Comecei a procurar os fósforos.

Grinch desatarraxou a tampa da lata e pôs-se a derramar o conteúdo na porta de madeira e na moldura pintada, até mesmo na parede de tijolos e nos degraus de concreto. O líquido cintilava sob o céu nevado, como se fosse a mais límpida água de chuva. Pura e bela.

Embora nossas vozes e mãos estivessem trêmulas, nossa mente estava concentrada em um único e claro objetivo: o incêndio intencional e caridoso de um prédio público, porque Eles (personificados na figura de um coordenador do qual eu nunca ouvira falar) haviam rejeitado Grinch.

— Me passa os fósforos.

Com as mãos visivelmente trêmulas, obedeci.

("And it burns, burns, burns...")

Com uma fagulha sibilante, ele acendeu um fósforo e o lançou no degrau encharcado de querosene.

A porta virou uma bola de chama branca, 20 vezes maior do que a do sótão uma hora atrás. O fogo logo se espalhou, lambendo as laterais do prédio.

Grinch deu um pulo para trás, comemorando sua arte, e depois desapareceu.

Fiquei hipnotizado pelas chamas durante um segundo, antes de me virar para fugir com a única pessoa que confiava no mundo. Mas, quando finalmente consegui despregar os olhos do fogo, vi que Grinch já estava ao pé da colina, sem me esperar e sem sequer olhar para trás, dobrando a esquina e desaparecendo de vista.

Só muito tempo depois percebi que havia sido abandonado.

Saí correndo como um louco pela encosta escorregadia, olhando freneticamente para trás, querendo contemplar a tarefa daquela noite pela última vez. O fogo, apesar de brilhante e explosivo, já começava a morrer sob o ar gelado da noite de inverno. Querosene é altamente inflamável, mas dura pouco. Muito quente, mas muito rápido. Sem uma base como vaselina ou poliestireno para alimentá-lo, não pega direito e não causa grande estrago à madeira — que dirá ao concreto.

Escorregando colina abaixo, com os braços tentando, em vão, buscar apoio nos lances de escada escondidos e galhos no caminho, lá fui eu esquiando às cegas, rindo como um louco, assustado pra cacete e esperando que algum policial aparecesse a qualquer momento, enterrando a mão no meu ombro direito.

Quando alcancei a rua, escutei o barulho do trânsito, vi milhares de pegadas sobrepostas e mescladas, e percebi que nada de ruim aconteceria.

Caminhei por várias ruas, atravessando de um lado para o outro, retornando pelo mesmo caminho, bagunçando os rastros. Finalmente, voltei até a biblioteca de Música e troquei de sapatos. Grinch ainda estava lá, escondido sob os degraus.

Voltei para o meu apartamento e, durante o caminho, me desfiz de cada um dos sapatos em uma lixeira diferente (uma na rua, outra num saguão de hotel). Não conseguia tirar o sorriso do rosto.

Agora eu tinha um segredo.

Ainda estava nevando muito lá fora. Flocos pesados e encharcados, do branco mais imaculado. E eu continuava sorrindo.

Na época, e até mesmo durante muitos anos depois, não acreditei que pudesse me sentir tão bem e tão vivo novamente — ou se teria a coragem de tentar repetir a dose.

CAPÍTULO 4

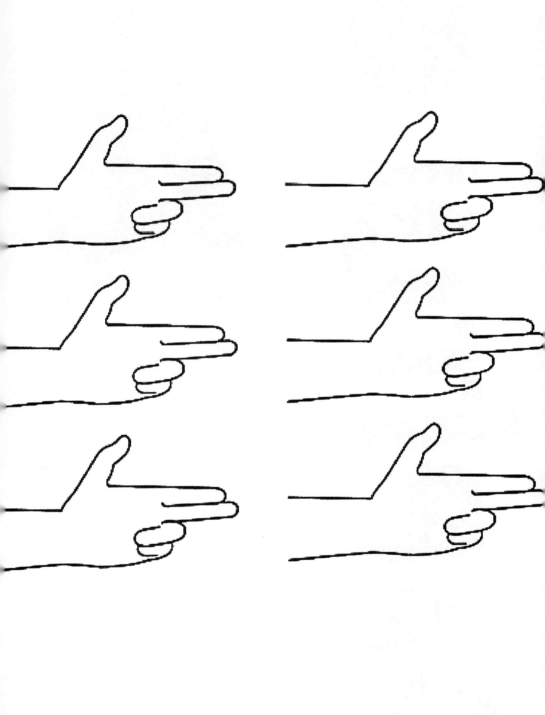

E u me formei no mês seguinte e logo depois mudei para o Norte, em Minneapolis, para fazer uma pós-graduação, numa tentativa besta de tentar me convencer de que realmente queria me tornar professor de Filosofia.

Os Espíritos do Mal, mais sábios que eu, forneceram distrações suficientes naquela cidadezinha limpa e pacata para me provar o contrário. Mesmo sem Grinch por perto (embora ele tenha me visitado algumas vezes), o que não faltava por lá era encrenca.

Os tais espíritos até mesmo deram um jeito de me pegar desprevenido uma noite, no meio do primeiro semestre.

Comecei a notar o padrão novamente. Estava fazendo as mesmas compras de mercado, sempre nos mesmos dias da semana. Escolhendo o mesmo caminho para pegar o mesmo ônibus todos os dias. Mesmo sem querer, eu me vi novamente refém de uma rotina inalterável, inabalável. Já havia percebido estas coisas antes e, sempre que percebia, sabia onde ia parar. Até mesmo isso, de certa forma, fazia parte do padrão.

Após ponderar sobre o assunto durante alguns dias, caí na esparrela de uma tentativa cômica e mal planejada de me enforcar (tentando disfarçar como um assassinato disfarçado de suicídio). Como não deu certo, mandei para dentro uma boa quantidade de comprimidos com uma dose de uísque de quinta categoria. Tive alucinações durante três dias (ou visitei o Inferno, um dos dois) e terminei amarrado num leito de UTI de um hospital local. Assim que recobrei a consciência, fui informado pelos médicos que tivera uma falência completa dos rins em decorrência da overdose, mas que ia ficar bem.

O que eles não me contaram foi que, após passar dez dias na UTI, iam me empurrar para dentro de um elevador em uma cadeira de rodas e me desovar seis andares abaixo, no andar reservado à ala psiquiátrica. Também esqueceram de avisar que eu ia passar os próximos seis meses lá. Guardadas as devidas proporções, não foi assim tão ruim, embora eu ainda questione a lógica de permitir que pacientes psiquiátricos assistam a lutas livres na televisão.

Minha estada no manicômio não foi dramática: tudo em paz com os enfermeiros, nada de química cerebral alterada. Mas confesso ter saído de lá jurando (em vão, pensando bem agora) jamais permitir ser capturado novamente pelos padrões — as rotinas de sempre — que me haviam enlouquecido. A vida precisava mudar, disse para mim mesmo; para valer a pena, tinha que ser imprevisível.

Dei por finalizada minha pós assim que recebi alta e, num consenso com a universidade (eles não queriam que eu ficasse e eu não queria ficar), me mudei para a Filadélfia com aquela que se tornaria minha futura ex-mulher.

Conheci Laura um pouco antes de sair da Universidade de Chicago. Ela era de Grand Rapids, estudava Linguística e trabalhava como guia na Robie House, projetada por Frank Lloyd Wright.

Não foi amor à primeira vista, mas nos dávamos bem — o que é mais do que podemos dizer sobre nossos relacionamentos com a maioria das pessoas. Mantivemos contato depois que me mudei para Madison e depois para Minneapolis. Com o tempo, e após várias visitas minhas e dela, nossos sentimentos um pelo outro cresceram. Por acaso, minha desistência da pós-graduação em Minnesota coincidiu com a partida de Laura de Chicago para começar a dela. Ela estava de mudança para a Filadélfia e concluí que aquele podia ser um bom lugar para mim, já que não tinha nenhum outro em mente.

Encontramos um apartamento pequeno em Center City e arrumamos dois gatos — um preto e branco pequeno com cara de mau e um malhado imenso, possivelmente retardado, cujo coração explodia de amor e bondade por todos os seres vivos. Algum tempo depois, Laura e eu decidimos nos casar.

Enquanto Laura ia para suas aulas, eu procurava emprego e finalmente encontrei um em um sebo. Comecei a beber mais e fui ficando cada vez mais insuportável.

Então um dia, na falta de algo melhor para fazer, comecei a escrever histórias.

Um dos primeiros trabalhos estáveis como escritor que tive (tirando a coluna "Slackjaw", que eu assinava para um jornal semanal chamado *The Welcomat*) foi em uma revista de música alternativa. As edições mensais eram compostas por críticas de álbuns, shows e entrevistas com astros do rock da cena gótica/industrial.

A tribo gótica/industrial não me interessava nem um pouco, então, em vez disso, eu conversava com as bandas que estava ouvindo na época — Killdozer, G.G. Allin, David E. Williams, Swans. Os editores logo sacaram que eu também estava disposto a entrevistar músicos que ninguém na revista queria encarar — desde que pudesse fazer do meu jeito.

Uma das editoras me ligou um dia e perguntou se eu topava entrevistar John Doe — membro fundador da "X", uma banda punk pioneira de Los Angeles dos anos 80. Mister Doe acabara de lançar seu primeiro álbum solo. Eu lhe disse que sim e ela me passou o telefone do relações-públicas com quem eu precisava falar para combinar a entrevista.

Uma semana depois, eu estava mais desinteressado do que em qualquer outra entrevista, anterior ou posterior. Havia recebido o novo disco, mas não havia sequer escutado. Além de algumas músicas que não ouvia há anos, sabia muito pouco sobre sua antiga banda e nada sobre ele em si. A única coisa que me lembrava com clareza era de que tinha feito uma ponta na cinebiografia de Jerry Lee Lewis,

Great Balls of Fire. Naquela época — 1987, com 22 anos —, eu não passava de um moleque, um moleque insuportável, confiante demais no seu taco sem nada que justificasse sua tremenda prepotência.

Quando nos falamos ao telefone, Doe foi gentil e educado. Inteligente, espirituoso — falou sobre sua fazenda, seu novo disco, a origem de algumas canções, sua antiga banda famosa.

E eu, por minha vez, debochei da capa do disco. Pior ainda: eu o acusei de ter plagiado o estilo da capa de um músico country-punk chamado Charlie Pickett. (Mister Doe disse conhecer o disco, gostar de Charlie Pickett e jamais ter considerado as semelhanças até eu tocar no assunto.)

Fiz perguntas chatas e sem sentido, que ele respondeu com educada franqueza. Ele foi bastante paciente comigo e eu o ridicularizei por isso. No final da entrevista, perguntei o que mais o enojava no mundo. Quando ele, após uma longa pausa, respondeu "ganância", eu ri com desdém.

Depois que ele desligou o telefone, sentei para escrever uma matéria absolutamente difamadora. Xinguei o sujeito de tudo quanto é nome, disse que ele era idiota, chato e especulei por que alguém haveria de se interessar por sua música — apesar de nem sequer ter ouvido o disco.

Embora não haja problema algum em agir como um filho da puta com alguém que merece, John Doe não merecia isso. Ele havia conquistado mais do que eu jamais irei conquistar na vida e ainda continuava humilde e bem-humorado.

Entreguei a matéria à editora dois dias depois, e eles a publicaram sem alterações, com fotos e tudo, na edição seguinte da revista.

No dia seguinte à chegada da revista às bancas, havia uma mensagem na minha secretária eletrônica — mais de uma, para falar a verdade — da relações-públicas do Mister Doe, pedindo que eu retornasse sua ligação. Em seu último recado, ela deixou claro: "Caso você esteja se perguntando do que se trata, é sobre a entrevista com John Doe."

Grande merda, pensei.

Em vez de me responsabilizar pelo que havia feito, liguei para Grinch, que na época estava morando em Chicago e, eu sabia bem, tinha menos escrúpulos do que eu. Podíamos não ter tentado incendiar nenhum prédio ultimamente, mas, mesmo com o passar do tempo e morando em cidades diferentes, ainda nos esforçávamos para impingir sofrimento desnecessário em estranhos valendo-nos dos meios disponíveis.

— Grinch, é o seguinte — expliquei a ele. — Liga para este número e, quando uma mulher atender ao telefone, finja que sou eu. Só isso. Depois, fica à vontade para fazer e falar o que bem entender. Por sua conta.

Ele deu uma de suas risadas maquiavélicas, anotou o telefone e desligou. Sabia o que eu esperava dele. Dez minutos depois, meu telefone tocou. Era Grinch, como eu já imaginava, e ele estava gargalhando tanto que mal pude entender o que estava dizendo. A única coisa que consegui distinguir foi: "... aí eu disse: *Enfia a tua raivinha no cu, vadia!*" E então a gargalhada se apoderou dele novamente e pareceu não terminar nunca mais.

Obviamente, a Fase Um do meu plano fora executada com sucesso.

A Fase Dois deu-se no dia seguinte, quando liguei para a relações-públicas do sr. Doe e me apresentei.

Houve um silêncio do outro lado da linha. E então, friamente, ela perguntou: — Como assim?

— Estou retornando a sua ligação.

— Creio que o senhor disse tudo que tinha para dizer ontem.

— Ontem? Não, a senhora deve ter se enganado. Peço desculpas por não ter podido ligar antes, mas...

Fiz uma pausa dramática.

— Espera aí... *ontem?* Você recebeu uma ligação minha *ontem?*

— Achei que o senhor fosse lembrar.

— Minha senhora, não... peço desculpas... Por acaso a pessoa que ligou, com perdão da palavra, era um verdadeiro babaca?

— Babaca é um eufemismo para o que ele é.

Fiz outra pausa, depois sussurrei: — *Meu Deus... Está acontecendo novamente. Agora, não. Isso não pode acontecer justo agora!*

Então desliguei, altamente satisfeito comigo mesmo por ter tornado o dia daquela pobre mulher um pouco mais assustador.

Dois dias depois, recebi outra ligação da editora da revista, comunicando que meus serviços não eram mais necessários — ou, para ser mais específico, desejados. E mais: graças à minha brincadeira sem graça, a gravadora que havia lançado o disco do John Doe não iria mais permitir que seus artistas dessem entrevistas para a revista.

Na época, julguei ter saído vencedor, tendo conseguido exatamente o que queria. Queria agir como um monstro, um idiota, um perfeito débil mental. Meu objetivo era fazer o possível para tornar o mundo um lugar pior e espalhar negatividade à minha volta.

Ter sido demitido da revista não significou absolutamente nada para mim — como eles não me pagavam, não tive prejuízo financeiro e já havia entrevistado todas as bandas que me interessavam na época. E o melhor: podia alegar ter sido demitido de uma revista graças a uma matéria que eu havia escrito.

Estou contando esta história porque não consigo me lembrar do incidente (e me lembro dele pelo menos umas duas vezes por mês) sem sentir uma pontada aguda de arrependimento e vergonha. Ainda acho que o trote depois da entrevista tenha sido bem engraçado, me envergonho bastante da minha própria arrogância, bem como do modo como tratei John Doe, que não merecia nada daquilo.

Anos após o incidente, finalmente parei para ouvir o seu primeiro disco solo, e não é sem vergonha que confesso que achei genial.

A pergunta que não quer calar é: que diabos aconteceu? O remorso que sinto por algumas coisas que fiz gradualmente foi se apoderando de mim à medida que fui ficando mais velho. Nunca comentei nada disso com Grinch, mas deve ser porque não me arrependo de nada que fizemos juntos. As coisas que realmente me incomodam são aquelas que fiz sozinho; as de minha única e exclusiva responsabilidade.

O incidente com John Doe, por mais infantil que possa parecer, talvez tenha sido a primeira vez em que percebi que estava ficando cada vez menos interessado em ser desnecessariamente cruel com pessoas que não mereciam. Logo depois, comecei a perceber que estava fazendo a mesma coisa com pessoas mais próximas — não só com desconhecidos e figuras públicas, mas com pessoas que eu conhecia e de quem gostava muito.

CAPÍTULO 5

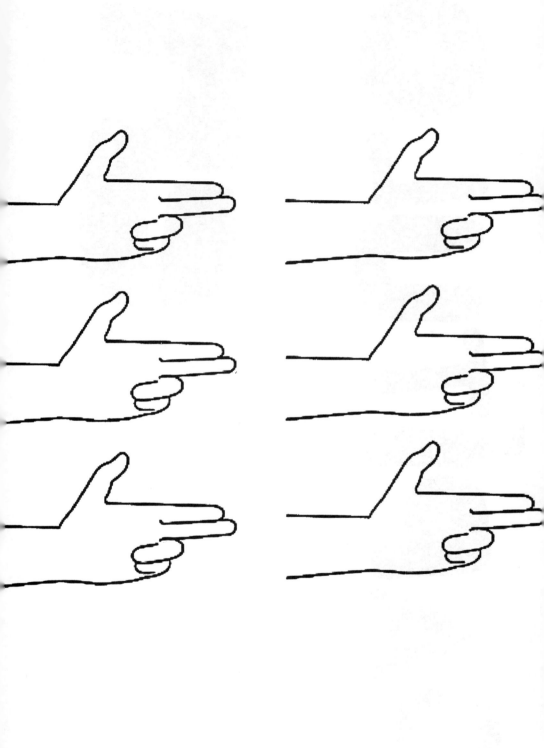

É impossível precisar exatamente quando comecei a rever minhas atitudes com certa dose de arrependimento. O que sei com certeza é que foi depois de Laura e eu termos nos mudado da Filadélfia para o Brooklyn, em 1990. Não fiquei muito empolgado com a ideia de me mudar para Nova York, mas ela havia pedido transferência da Universidade da Pensilvânia para a de Nova York para concluir sua pós-graduação e não havia muito que discutir.

A época em que passei na Filadélfia nutriu a criatura que eu havia me tornado em Madison. A cidade no final da década de 1980 era um dos piores lugares da face da Terra para se viver — muito pior do que Nova York jamais sonharia ser. Nova York pelo menos tinha alguns bairros pitorescos e uns parques bem legais. A própria atmosfera na Filadélfia daquela época era de um ódio palpável. Em todos os cantos da cidade havia gente discutindo, gritando ameaças para os passantes, disparando tiros aleatoriamente no meio da multidão, gente se matando a esmo. Eu via pessoas se jogando de janelas do quinto andar ou sendo retiradas dos rios três dias depois de mortas.

Eu me alimentava deste ódio, desta maldade inesgotável, e a derramava semanalmente na minha coluna no jornal. Tudo que eu fazia era com a intenção de colher material — alguma experiência desagradável que iria figurar na próxima edição. Por causa disso, e da quantidade de bebida que estava ingerindo, não me lembro direito da maior parte dos três anos e meio em que morei na Filadélfia. Lembro-me de cenas e situações, como dúzias de *frames* isolados, mas não faço a menor ideia de como foram agrupados, nem em qual ordem.

Para complicar ainda mais a minha vida na Filadélfia, foi lá que surgiram meus primeiros ataques. Por volta de 1990, um pouco antes de mudarmos para o Norte, eu tinha três ou quatro ataques por dia, sendo que alguns duravam mais de meia hora. Era como se todo o ódio e a bile que eu estava absorvendo à minha volta e cuspindo em letras impressas tivesse, de algum modo, se tornado uma parte física de mim mesmo — um nódulo extra, anômalo, localizado no meu cérebro.

Ter mudado para um apartamento minúsculo no Brooklyn com Laura não fez grande diferença. Eu estava tomando remédios para controlar os ataques, mas ainda não havia encontrado a dosagem certa. Durante quase um ano, não consegui arrumar um emprego sequer. Meu problema com a bebida, que já estava se tornando grave na Filadélfia, atingiu níveis que podem ser chamados de "absolutamente ridículos".

Tudo que eu achava tão simples e divertido de se fazer em Madison e em Minneapolis — roubar os outros e vandalizar geral — estava fora de questão em Nova York, onde havia potenciais repercussões reais a se considerar. Não só a minha agilidade não estava mais lá essas coisas, como as medidas de segurança locais eram muito mais rígidas do que eu estava acostumado, o que aumentava consideravelmente as chances de ser pego. Eu não estava no pique para isso. Então, na maioria das vezes, ficava em casa e enchia a cara.

Mas nem sempre. Às vezes, eu saía. Sair de casa me fazia bem.

Dois dias depois de termos mudado para o Brooklyn, no início do outono de 1990, dois terços das caixas ainda estavam fechadas, a cama desmontada no meio da sala e não tínhamos resolvido nem a questão da eletricidade, nem do telefone. Calcei meus sapatos, coloquei um casaco e saí, fechando a porta atrás de mim. Laura estava na aula, de modo que eu tinha o dia inteiro só para mim. Imaginei que explorar a área era uma boa ideia.

Foda-se a Estátua da Liberdade, o Empire State, o Central Park. E, quanto à Times Square (que na época ainda era o coração pulsante de todas as depravações nova-iorquinas), eu planejava explorá-la mais tarde.

Visitara Nova York algumas vezes, e muito rapidamente, durante o tempo em que morei na Filadélfia e não sabia praticamente nada sobre a cidade. Mas havia, porém, alguns motivos pelos quais eu escolhera morar especificamente no Brooklyn quando nos mudamos para lá. Pelo que havia lido e visto, o Brooklyn parecia muito mais *real* do que Manhattan. Manhattan, na minha opinião, estava cheia de gente afetada e babaca, gente mais preocupada com roupas, status e dinheiro do que qualquer outra coisa. Os moradores do Brooklyn me pareciam mais práticos, mais realistas, menos superficiais. O bairro em si me parecia mais cheio de vida, agitado. Sem contar com o histórico literário, que me atraía bastante. E acabou que, por coincidência, nos mudamos para um apartamento que ficava apenas a alguns quarteirões da casa em que Henry Miller havia morado após seu primeiro casamento — a mesma casa em que grande parte de *Trópico de Capricórnio* se passa.

Havia outro motivo para querer me mudar para o Brooklyn também — por isso, naquela manhã de setembro, fiz uma peregrinação até o número um da lista.

Saí do apartamento e subi a Sétima Avenida, em direção à estação de metrô na Rua 9. Desci, comprei alguns bilhetes e esperei um trem que fosse para o centro. Não sabia quanto tempo duraria a viagem, mas não estava preocupado com isso, já que não tinha nada para fazer naquele dia além de desarrumar as malas. Sentei no trem e fui até o final da linha. Ninguém me perturbou.

Assim que desci do trem, não sabia direito para onde ir. Estava numa estação enorme, escura e fedendo a urina. Embora o sol estivesse brilhando lá fora, lá dentro eu podia ouvir o som da água gotejando e formando poças. Não havia qualquer sinalização me apontando a direção correta. Vaguei pela escuridão, desviando das poças, talvez andando até mesmo em círculos até encontrar uma saída.

Finalmente reencontrei a luz do sol, mas ainda não fazia ideia do que procurar nem para onde ir. Comecei a andar sem rumo, mas logo percebi que devia estar nos limites de uma área quase suburbana e de um detonado terreno baldio industrial. Não era exatamente o que eu esperava encontrar.

Mudei a direção, voltando para o local onde havia som de tráfego, e deparei com uma lúgubre faixa comercial repleta de lojas russas que só vendiam porcarias. Dava para sentir que estava chegando perto.

Arrisquei-me novamente sem rumo e desci uma rua ampla e deserta. Cercas de arame com lâminas pontiagudas erguiam-se com três metros de altura de ambos os lados da rua. Fazia sol, mas aquele dia de outono precoce trazia consigo uma brisa gélida. Mais adiante, no fim da rua, eu não via nada. Era como se o mundo terminasse de existir dali a dez metros. Continuei seguindo em frente.

À minha direita, havia um estacionamento entregue às moscas, ou melhor, às abelhas: amarelas e negras, com olhos protuberantes e feições sorridentes, formando um círculo silencioso. Era um brinquedo de criança, mas não do tipo que se faz fila para andar. A pintura no rosto das abelhas estava descascada, conferindo-lhes uma aparência maléfica e furtiva. Ouvi um rosnado à minha esquerda. Quando me virei para conferir, três dobermanns atrás da cerca do outro lado da rua começaram a mostrar os dentes e a latir para mim, espremendo suas focinheiras pela cerca. Avancei na direção deles, mantendo-me fora de alcance, o que só serviu para provocá-los ainda mais. Espumando de raiva, atiraram-se contra a cerca, abocanhando o ar com seus dentes amarelados.

Continuei caminhando pela rua deserta em direção ao grande Nada à minha frente, o vento puxando meu chapéu e meu *trench coat*. Me virei por um instante na direção contrária para acender um cigarro.

Dois metros adiante, olhei para trás mais uma vez para checar se os cães ainda estavam me vigiando e estaquei. Aparentemente, haviam perdido o interesse, mas o cigarro escorregou pelos meus dedos trêmulos enquanto meus olhos lentamente erguiam-se diante da fachada negra à minha frente.

A tinta preta estava tão descascada quanto nas abelhas. Mas aquilo estava longe de ser um brinquedinho de parque de diversões.

Sobre o fundo escuro, havia imagens de chamas, aranhas e gigantescos globos oculares espetados em estacas. Dependurada no topo da fachada, a escultura de um demônio alado que devia medir facilmente uns quatro metros. Ele me contemplava com cara de mau, empunhando um forcado. E, logo acima da entrada, havia uma inscrição pintada à mão em caligrafia gótica:

DEIXAI TODA A ESPERANÇA VÓS QUE ENTRAIS

Meu coração disparou.

Vasculhei a fachada lúgubre com os olhos, reparando em todos os detalhes. Tá, parecia bem óbvio, mas nos dias atuais não há mais muito espaço para sutileza. Eu esperava encontrar muita coisa naquele lugar (drogados e anões, em sua maioria), mas não o Portal do Inferno. Para mim, ele ficava em Brooklyn Heights, mas não devia ter ficado assim tão surpreso.

Eu continuava parado no meio da rua. Olhei para trás, depois para o Nada diante de mim. Eu continuava completamente sozinho, a não ser pelos cachorros. Tirando o vento, não havia som algum.

Continuei caminhando em direção ao Nada e, somente quando finalmente o alcancei, descobri que não era tão Nada assim.

As águas escuras do Atlântico espraiavam-se no horizonte. Antes do mar, havia uma ampla faixa de praia deserta e pardacenta. E, antes da praia, o Boardwalk.

Depois de todos aqueles anos de ânsia e espera, eu finalmente conseguira encontrar o Boardwalk de Coney Island. Desde criança, sempre fui fascinado pelos shows de aberrações, possivelmente porque sempre achei que devesse fazer parte de um. Eu costumava frequentar feiras locais e parques de diversões no verão, lia e assistia a tudo que podia sobre a história dos espetáculos de feiras. Tudo o que eu lia e assistia deixava uma coisa bem clara: Coney era o número um. Para quem gostava da cultura dos shows, não havia lugar melhor do que Coney Island. E lá estava eu. E o melhor: tinha o lugar todo só para mim. E ainda descobrira que o Boardwalk ficava apenas a alguns metros do Portal do Inferno.

É algo estranho e contraditório: embora minha crença em Deus já tivesse se dissipado há muito tempo, eu conservava certo respeito por Satã (pelo menos enquanto personagem e metáfora).

Ele sempre me pareceu uma figura muito mais interessante. Nos livros, nos filmes, nas pinturas, onde quer que fosse representado, sempre dava a impressão de estar se divertindo muito mais do que Deus. E, com o mundo caminhando de mal a pior, era mais fácil acreditar que os espíritos do mal estavam dominando.

Vasculhei a área em todas as direções, escolhi uma qualquer e comecei a andar.

A temporada terminara há algumas semanas e não havia nada aberto. As lojas de bugigangas, de balas, as barracas de lanches, os bares, os brinquedos — estava tudo lacrado, fechado, inútil.

Isso foi antes de começarem a dar uma geral em Coney. Assim como a Times Square, antes de o prefeito Giuliani tê-la vendido para a Disney, era de uma decadência autêntica. Estava tudo caindo aos pedaços. Exatamente como eu esperava encontrar. Era tão decrépito quanto a Filadélfia, mas muito mais charmoso. Havia algo de sinistro, vagamente assustador, sem o ódio declarado da Filadélfia. E, mesmo sem espetáculo para assistir naquele dia, eu podia sentir a energia de tudo aquilo à minha volta, avisando que eu fazia parte daquele universo.

Inspirei a brisa marinha, julgando ouvir no vento os gemidos dos idiotas e das mulheres barbadas há muito mortos, voltando a me nutrir com um tipo de degeneração cultural que sempre fez parte integrante da minha personalidade.

Eu me refiro à Filadélfia do final dos anos 80 de um modo que muitos considerariam negativo, mas não sob o meu ponto de vista. Tanto lá quanto em Coney, pude encontrar uma manifestação física e externa da minha mentalidade na época. Ambos eram exatamente o que eu precisava.

Muitas horas depois naquela tarde, voltei para o pequeno apartamento que estava dividindo com Laura e nossos dois gatos, finalmente me sentindo bem por termos nos mudado para o Brooklyn. Eu hesitara por ter a impressão de que *todo mundo* se mudava para Nova York, agora e sempre, e não estava interessado em fazer algo que todo mundo fazia. Ter descoberto que Coney era exatamente o que eu esperava dissipou a maior parte das minhas incertezas. Ainda não tinha certeza sobre o resto de Nova York, mas só de saber que Coney Island estava ao meu alcance me confortava. Era a garantia de que pelo menos teria um lugar para me esconder quando o resto do mundo começasse a me sufocar.

Dois anos depois, quando me sentei com uma advogada para preparar o meu Último Testamento, não estava muito aí para o que poderia acontecer com os bens que porventura tivesse na ocasião da minha morte. Desconfiava que não devesse ser grande coisa mesmo, nada com que valesse a pena me preocupar. No entanto, eu tinha uma exigência que queria tornar oficial, para que ninguém pudesse negar quando fosse a hora.

— O que o senhor gostaria que fosse feito com seu corpo? — perguntou a jovem advogada sentada à minha frente em um escritório em Midtown, que ficava no trigésimo andar de um arranha-céu de vidro e aço. Eu tinha a leve impressão de que a deixara meio confusa ao longo daquela tarde ao responder "Para mim, tanto faz, senhora" à maioria de suas perguntas. Não pretendia elucidar sua confusão agora.

— Gostaria de ser cremado, por favor — respondi.

— Está bem — retrucou ela, fazendo uma anotação em seu bloco.

— Certo.

— E gostaria que minhas cinzas fossem jogadas em Coney.

— Coney... Island? — perguntou ela, olhando-me por cima dos óculos de grau.

— Sim, senhora. — Eu não estava brincando. O destino das minhas cinzas é um assunto sério. Minha primeira ideia foi simplesmente jogá-las no chão ou no vaso sanitário do bar que estivesse frequentando na época da minha morte, como Murphy no final do primeiro romance de Samuel Beckett. Mas, sempre que mencionava isso para alguém, a pessoa me dizia que não ia rolar. Assim que pus os pés em Coney, não havia mais dúvida. Eu soube na hora.

Percebi instantaneamente na minha primeira visita que aquele era um lugar tanto de grande magia quanto de tremenda tristeza. Era possível encontrar ali os derradeiros vestígios de um mundo e de uma cultura há muito desaparecidos, e era este mundo — repleto de bizarrices humanas, ambulantes de todos os tipos — que eu amava infinitamente mais do que o que era obrigado a viver agora. Hoje em dia, a medicina e pessoas bem-intencionadas insistem em "consertar" as aberrações com cirurgias, internações e medicamentos — e os ambulantes são processados por fraude. No seu auge, Coney representava liberdade para todos, a despeito de terem ou não dinheiro. Era um modo de escapar da cidade. Um universo singular, diferente de qualquer outro no mundo. E, ao contrário dos parques de diversão corporativos que os substituíram, absolutamente autêntico. Não se podia negar que Coney Island, por mais divertido que fosse, era um lugar muito, muito perigoso.

O que em boa parte ainda era verdade para aqueles que, como eu, escolhiam acreditar que fosse. Por isso eu queria minhas cinzas espalhadas por lá, embora não tenha explicado nada disso à advogada.

— Está beeem — disse ela em voz baixa, fazendo outra anotação em seu bloco. — Algum lugar específico em Coney Island?

Cheguei a pensar em pedir que as colocassem num saco de papel e as atirassem no Portal do Inferno, poupando tempo e esforço, mas achei que ela ia me olhar com aquela cara desconfiada mais uma vez se eu sugerisse isso e simplesmente respondi "No píer". Pareceu-me um lugar tão bom quanto outro qualquer, desde que fosse feito de manhã bem cedo, para não atrapalhar os pescadores de siri.

Algumas semanas depois, o testamento foi assinado, autenticado, selado, lavrado e arquivado até que fosse necessário.

Depois daquela primeira visita, voltei a Coney sempre que pude. Às vezes, uma vez por ano, outras mais. Normalmente sozinho, mas nem sempre. Se algum amigo estivesse visitando Nova York, era para lá que o levava.

Apesar da faxina geral em Coney durante uma tentativa inglória de revitalização da área, com a intenção de dar um verniz de respeitabilidade e atrair um público mais moderno, mesmo com a inauguração de um McDonald's no Boardwalk e o desprestígio dos espetáculos secundários, a essência de Coney ainda sobrevivia. O veterano empresário de aberrações Bobby Reynolds continuava lá com o seu Rato de 45 quilos e seu Bebê de Duas Cabeças. A lanchonete Nathan's continuava lá. O Ruby's Bar ainda possuía os banheiros mais assustadores de Nova York (na verdade, estavam mais para celas de prisão turca do que para "banheiros" propriamente ditos, as paredes brutas de pedra, sem nenhuma luz, a não ser a que vazava pela janela imunda próxima ao teto e uma cuba no chão. Quanto menos falarmos a respeito, melhor).

No fim das contas, a despeito de todas as mudanças e mesmo sabendo que minha visão precária fazia com que eu a enxergasse menos a cada visita, para mim Coney Island sempre foi, e sempre será, o Portal do Inferno — com direito a um parque de diversões no pacote.

CAPÍTULO 5

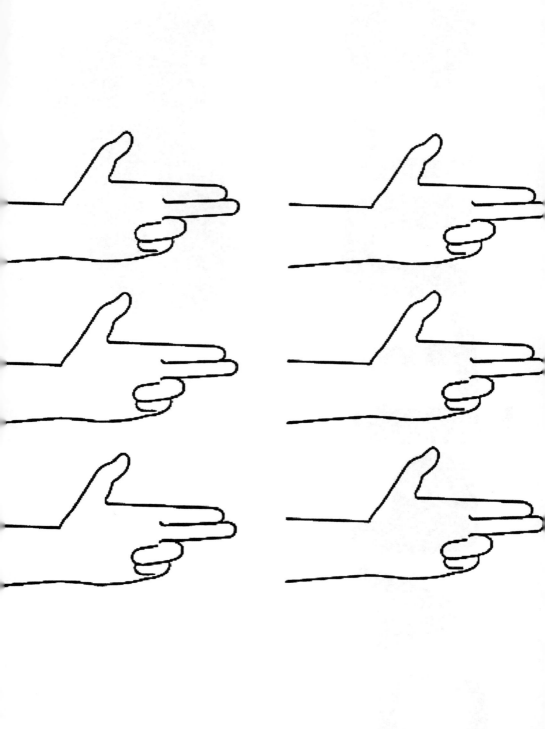

adrões podem ser fatais e perniciosos. Padrões são armadilhas, sempre nos rondando, às vezes de maneira descarada, outras vezes disfarçada, e raramente nos levam a algo bom. Desde que me entendo por gente, sou atormentado por eles e isso continua até hoje.

Quando deixei o manicômio (após aquela longa internação em Minneapolis), prometi a mim mesmo que jamais cairia nos mesmos padrões que haviam acabado por me enlouquecer e fazer com que eu tivesse ido parar naquele lugar. Naquela época, havia me tornado absolutamente consciente de tudo que fazia — caminhar até o ônibus, calçar os sapatos, escovar os dentes. Todas as banalidades da vida começaram a me engolir enquanto eu não só percebia que estava fazendo aquelas coisas, como fazendo exatamente da mesma maneira e, normalmente, sempre na mesma hora, dia após dia. A única coisa que me restava após perceber isso era parar tudo de uma vez, então tomei uma cacetada de comprimidos com uma garrafa de uísque.

Os anos que se seguiram ao hospício foram um pandemônio de álcool, violência e sordidez enquanto eu migrava de Minneapolis para a Filadélfia e depois para Nova York, passando por espeluncas imundas, períodos de emprego e desemprego, bares e um casamento. Todo dia era uma aventura. Quando estava em um lugar, jamais sabia onde estaria uma hora depois — apagado em um hospital ou caído no chão do banheiro de um botequim em Hoboken.

No meio disso tudo, jamais previ a história de "ficar cego" e, parando para pensar agora, vejo que naquela época minha vida, mais uma vez, tornara-se nada mais, nada menos do que uma série de rotinas extremamente bem orquestradas. Comecei a notar cada vez que amarrava os cadarços ou caminhava duas quadras até a farmácia. São coisas péssimas para serem notadas — pelo menos, no meu caso. Eu sabia onde aquilo ia dar.

Fui oficialmente diagnosticado com retinite pigmentosa, ou RP para encurtar, quando ainda estava morando na Filadélfia. Tirando a cegueira noturna que me acometia desde muito jovem, não havia percebido nenhum outro sintoma óbvio — sobretudo a galopante e inexorável perda da visão periférica, que progride até a cegueira completa. Isso só aconteceria comigo anos depois, quando já estava morando no Brooklyn. Quando esses sintomas de fato apareceram, progrediram muito mais depressa do que o imaginado.

Depois de a minha visão ter se deteriorado consideravelmente, tentei me convencer de que precisava dos padrões para funcionar. Tudo no apartamento tinha que ter um lugar fixo; caso contrário, eu não seria capaz de achar quando precisasse. Eu precisava pegar o metrô em horários específicos, para evitar o tumulto. Fico desorientado no meio de um monte de gente. Tinha que acordar sempre na mesma hora, sair de casa na mesma hora, almoçar na mesma hora. Tudo se encaixava e precisava estar interligado. Qualquer tentativa de fazer algo diferente, de quebrar a rotina, colocava meu dia de cabeça para baixo. E, com frequência, eu acabava me tornando um fardo para alguém, que precisava me conduzir para cima e para baixo.

Quando percebi essa nova modalidade de rotina germânica — uma expansão estrita do hábito de chupar seixos em *Molloy,* de Beckett —, na qual eu havia caído tão fácil e despretensiosamente, tanto em casa quanto no trabalho, soube que algo estava prestes a dar errado.

* * *

Além de continuar escrevendo minha coluna "Slackjaw" para o *New York Press*, um semanal de Manhattan, arrumei emprego como recepcionista do jornal. Foi um trabalho que aceitei de bom grado, após dois anos de desemprego movido a gim. Não só quitou minhas dívidas, como me manteve ocupado.

Até que não era assim tão ruim. Não havia nenhuma restrição quanto às roupas dos funcionários, o que significava que eu podia me arrastar para o trabalho de manhã vestindo camisa de malha, jaqueta militar, jeans rasgado e o velho chapéu fedora que nunca tiro da cabeça (o chapéu, vejam vocês, além de manter meu cabelo cada vez mais comprido longe dos olhos, também funciona como uma espécie de para-choque, porque sua aba larga permite que eu tenha noção de espaço, fazendo com que desvie um átimo antes de colidir com uma árvore, uma porta ou uma parede).

Além disso, como o jornal é célebre em ter uma atitude intolerante, desde o início me disseram que eu não tinha a obrigação de ser educado com as pessoas. Para falar a verdade, eles quase faziam questão do contrário. Como eu havia azeitado meu dom em ser um "filho da puta grosseiro" ao longo dos anos, aquele me pareceu o emprego perfeito.

Os escritórios do jornal ficavam no nono andar do Puck Building — um pomposo e secular edifício de dez andares a duas quadras ao leste da Broadway, no Lower East Side de Manhattan. Eu tinha uma bela vista da minha mesa, através de três amplas janelas arqueadas. Tudo bem que a paisagem consistia em dois postos de gasolina na Houston Street, mas eu gostava daquilo. Acontece coisa pra cacete em postos de gasolina. Longas filas de táxis amarelos começando ou encerrando o serviço, troca de socos entre os motoristas, mil coisas.

Se bem que, parando para pensar, não acontecia nada além disso.

Como o *Press* era uma espécie de jornal "alternativo", atraía um desfile interminável de loucos, todos querendo contar suas histórias.

Eles chegaram à conclusão de que, já que ninguém mais parecia se interessar por elas, éramos a última esperança — e, em geral, estavam certos. Motociclistas proscritos, prostitutas, cafetões, paranoicos, drogados muito doidos, chineses antissindicatos, maníacos sexuais, homens e mulheres que tinham tido a vida destruída pelas ondas da rádio governamental, piratas cachaceiros, pornógrafos de todo gênero, loucos com L maiúsculo. Todos exigiam falar com o editor e todos precisavam passar por mim para chegar até ele.

No mesmo dia em que comecei a trabalhar como recepcionista, em maio de 1995, uma menina chamada Morgan também entrou para o jornal.

Morgan trabalhava no Departamento Administrativo do *Press*, mas parte do seu trabalho consistia em me substituir na recepção quando eu saía para almoçar. Era a vez dela de lidar com os malucos. Ela também me ajudava a selar a correspondência à noite, além de inúmeras outras tarefas no escritório.

Morgan tinha um belo cabelo castanho comprido, um sorriso fácil e os olhos azuis mais claros que eu já vira. Era cinco anos mais nova do que eu, mas não agia como uma garota. Tinha uma voz rouca deliciosa e o fato de ser mais inteligente do que a maioria das pessoas ficou claro para mim desde o início.

Logo descobri que, apesar de ser muito quieta, tinha um senso de humor cruel, gostava de Captain Beefheart e Mel Brooks, de uma cervejinha de vez em quando, não era fresca nem vegetariana e foi a primeira pessoa no trabalho a reconhecer as imagens nos cartões-postais que havia colado com durex na parede atrás de mim.

— Onde você arrumou estes postais dos Residents? — perguntou no nosso segundo ou terceiro dia no escritório.

— Bem... — respondi, meio constrangido, mas fascinado — com os Residents. — Ela ter reconhecido a banda obscura e anônima de São Francisco foi um ótimo sinal. Percebi que era alguém com quem eu podia conversar, se um dia tivéssemos a oportunidade. O trabalho no jornal não nos deixava parar um minuto.

Laura já tinha deixado nosso apartamento há alguns anos. Com o passar do tempo, descobrimos que não tínhamos mais o que conversar um com o outro. Eu não entendia o trabalho que ela estava fazendo e ela não ligava muito para minhas histórias. Laura também já estava cansada dos meus porres e da minha incapacidade de arrumar um emprego. Então um dia, sem amargura, ressentimentos ou histeria, e sim num simples e triste consenso, concordamos que não havia mais nada entre nós e nos separamos.

— Então — finalmente perguntei a Morgan, um dia após voltar do almoço durante nossa segunda semana no jornal —, o que você realmente faz?

— Ah — respondeu ela, dando um sorriso malicioso —, coisas terríveis, *indescritíveis*.

Uau, a coisa estava melhorando a cada minuto. — Sério — insisti. — Você não me parece o tipo que curte preparar relatórios de vendas e rastrear anúncios para ganhar a vida. Então, o que você faz? — Ela deu um sorriso tímido, como se alguém nunca tivesse feito essa pergunta antes.

Eu não estava cantando a menina — nunca fiz isso. Depois que eu e Laura nos separamos, não estava exatamente interessado em cortejar alguém. Mas isso acontece, algo sempre aparece quando você *não* está procurando.

Identifiquei em Morgan alguém que gostaria de conhecer melhor. Existem pouquíssimas pessoas no mundo assim — pessoas que despertam meu interesse em conversar ou compartilhar meu tempo — e percebi que devia aproveitar aquela oportunidade. Mesmo assim, fiquei um tanto surpreso por ter sido tão direto com ela.

No dia seguinte, ela me trouxe uma cópia da história em quadrinhos que escrevera e desenhara há alguns meses.

Ver o trabalho dos outros pode ser algo assustador — coisas que as pessoas querem que você leia, veja, ouça e ainda faça comentários. E se tudo não passar de uma porcaria inútil e constrangedora? Você não quer ser cruel, mas, ao mesmo tempo, não quer dar falsas esperanças e incentivos se o que a pessoa está fazendo lhe parece claramente um equívoco — o que seria ainda mais cruel.

Minha situação foi um pouco diferente. Eu disse que queria ver o que ela fazia e queria mesmo. Às vezes, você sabe que não vai se decepcionar e, no caso dela, eu estava certo. Os quadrinhos de Morgan eram incríveis — as ilustrações eram precisas, sutis, *clean*. As histórias eram sombrias sem serem opressivas e, o mais importante, eram engraçadas pra cacete. Fiquei empolgado e não me surpreendi nem um pouco quando, alguns meses mais tarde, ela começou a ilustrar para o jornal.

Morgan havia lido bastante e sabia conversar sobre praticamente todos os assuntos. Gostávamos das mesmas músicas, dos mesmos filmes e um sabia como fazer o outro rir. Detestávamos as mesmas coisas e as mesmas pessoas — o que é tão importante quanto. Logo ficou claro para mim que eu gostava daquela mulher —, e, o mais surpreendente, ela parecia gostar de mim também.

Pode parecer estranho — talvez não —, mas fiquei extremamente feliz por Morgan não fazer ideia de que eu escrevia minha coluna há oito anos naquela época. Ela não havia lido uma sequer. A maioria das pessoas que eu conhecera nos últimos anos havia sido graças à coluna. E, por isso, tinham lá suas ideias a meu respeito e sobre o que eu era capaz de fazer. Esperavam que eu ficasse bêbado e provocasse uma briga, quebrasse alguma coisa, me machucasse. Que esperassem esse comportamento era minha culpa, mas eu não gostava da ideia de ter que interpretar o personagem da coluna. Para Morgan, eu não passava do cara que atendia ao telefone. Ela não tinha noções preconcebidas, expectativas, e isso foi um tremendo alívio. As outras pessoas no jornal haviam lhe avisado que eu era um bêbado da pesada, totalmente pirado, mas ela decidira verificar por conta própria.

Duas semanas após Morgan e eu termos nos conhecido, fiz 30 anos. Eu ainda não estava na fase de não ligar mais para meu aniversário, então, após o trabalho, alguns colegas se ofereceram para me pagar umas cervejas no bar da esquina, o Milano's, e eu achei ótimo.

Normalmente, quando abriam as portas às oito da manhã, já havia uma fila de homens do lado de fora do Milano's. Boa parte desses homens continuava lá às quatro da manhã do dia seguinte, quando eram expulsos porta afora. Era um boteco comprido e estreito, escuro, com cheiro de mofo e uma *jukebox* calibrada com Sinatra e Dean Martin. Não era o bar mais simpático do mundo — às vezes, o clima era absolutamente intratável —, mas era assim que os *habitués* gostavam. Passei muitas tardes alegres e solitárias naquele lugar.

Por volta de seis e meia da noite, meia hora depois de termos chegado, lá estava eu de joelhos nos fundos do bar, cigarro em uma das mãos, cerveja na outra.

Quase todos que estavam presentes sabiam do meu problema de vista e estavam atentos, buscando um lugar no qual eu pudesse me sentar. Na metade da minha segunda cerveja, finalmente um lugar ficou vago e eles me conduziram até ele, onde me acomodei para sobreviver ao resto da noite.

Três horas e inúmeras cervejas depois, os que ainda resistiam agrupavam-se em volta de uma pequena mesa de madeira, conversando, rindo, todos meio bêbados. Casualmente, passei o braço em volta de Morgan — um gesto cuja ousadia me surpreendeu, mesmo no estado em que me encontrava —, chegando bem perto para que pudéssemos nos ouvir direito em meio ao tumulto do bar. Foi a primeira vez que a toquei.

Lá pelas dez, ela me acompanhou até a saída e me guiou dois quarteirões pela Houston Street até o metrô.

— Você acha que consegue chegar em casa numa boa? — perguntou, antes de soltar o meu braço.

Ainda não nos conhecíamos muito bem naquela época e, para ser sincero, fiquei meio surpreso quando ela se ofereceu para me ajudar até o metrô. Extremamente grato, mas ainda assim surpreso.

— Claaaaro — respondi com a voz arrastada. — Está tranquilo.

— Agradeci sua ajuda e passei pela roleta. Ela foi embora para o seu apartamento, que ficava a apenas algumas quadras dali.

Sentado no trem de volta ao Brooklyn, eu estava me sentindo muito bem, a não ser por uma leve fome e uma vontade insuportável de fazer xixi. A combinação desses elementos, mais a escuridão, me deixaram um pouco desorientado. Eu realmente precisava mijar, mas ainda não havia conhecido as vantagens de se usar uma bengala. Isso só aconteceria mais tarde. Como a caminhada do metrô até o apartamento durava apenas cinco minutos, calculei que daria tempo. Às vezes sou vítima de um otimismo estúpido como este.

Quando saí do metrô, a única coisa que consegui enxergar foram as luzes da rua e elas mais pareciam vaga-lumes — discretos pontos iluminados a distância, que não me serviam de nada. Tudo o mais era de um breu absoluto. No meu passo hesitante, avancei por uma das ruas mais estreitas, ziguezagueando pela calçada entre portões e carros estacionados no meio-fio. Mantive os olhos focados nas minúsculas luzes pálidas na esquina, uns 30 metros à minha frente.

Como é comum em Nova York, as árvores que ladeavam as calçadas no meu bairro são circundadas por detestáveis pequenas grades de ferro forjado que se erguem até a altura das canelas. Como sempre temi, naquela noite uma delas esticou um tentáculo de ferro quando eu estava passando e dei com meu tornozelo nele.

Caí de cabeça na porra da grade, arrebentando as costelas no ferro, sentindo a pele das pernas rasgando como papel e me esparramando na calçada. Fiquei caído no chão por um instante, humilhado e com uma única preocupação na cabeça: meu chapéu, que tinha voado longe. Eu nunca tirava o chapéu, só para tomar banho e para dormir, e, quando tirava, sempre precisava saber exatamente onde ele estava. Por causa de suas múltiplas funções, não podia me dar ao luxo de perdê-lo.

Escutei uma voz feminina vinda do alto: — Ei, ei, você está bem? — Ela segurou o meu braço e começou a me ajudar a levantar.

— Sinto muito — murmurei para a desconhecida. — Eu não enxergo muito bem. — Tenho certeza de que ela não acreditou muito, ainda mais depois de ter sentido meu bafo de goró.

— Não precisa se desculpar. Você vai ficar bem?

— Onde está o meu chapéu?

Senti que ela se abaixava para pegá-lo. Em seguida, o enfiou na minha cabeça.

— Obrigado — agradeci, virando-me na direção que torcia para ser a certa. Continuei, me orientando pelas luzes novamente. Minha bexiga estava quase explodindo; eu precisava superar o pudor de pedir para ser guiado ao banheiro em lugares públicos.

Finalmente consegui chegar até o portão do meu prédio e galguei os degraus mancando, tentando catar as chaves no bolso com cuidado, sentindo todo aquele álcool me atingindo em cheio e lutando para não pressionar muito o diafragma.

Choquei-me contra a porta e comecei a tatear minhas chaves. Eu só tinha quatro chaves, mas duas delas eram do mesmo formato e só podiam ser diferenciadas por uma levíssima variação de cor. Estava suando em bicas, desesperado. Enfiei o que imaginava ser a chave certa na fechadura. Nada. Remexi as chaves novamente. Nenhuma delas entrava. Eu não estava enxergando um palmo diante do nariz. Meu Deus. Acabei desistindo, abri as calças e mijei na minha própria porta, como um maldito mendigo, como um cachorro mal adestrado.

Quando terminei, fechei as calças e me sentei no degrau mais alto da escada para tentar me recompor. Não estava sentindo nenhuma dor — só não conseguia me mexer direito. Tateei novamente as chaves, depois fechei os olhos e encostei a cabeça nos joelhos, torcendo para que meu senhorio não me visse (a janela do banheiro dele dava para minha porta da frente). Ele já implicava muito comigo e agora, que eu estava empregado e podia de fato pagar o aluguel, queria continuar morando naquele prédio.

Só depois que entrei em casa e tirei minhas roupas grudentas e fedidas foi que percebi que estava sangrando feio. Havia um rastro de sangue no chão, da entrada até a cozinha, e no meu quarto também.

Decidi me preocupar com isso depois e fui dormir.

Antes de me despedir de Morgan no metrô, dissera a ela que "estava tranquilo". Considerando algumas voltas para casa antes e depois daquele dia, até que a noite do meu aniversário de 30 anos foi "tranquila".

No início, não sabia quanto tempo meu relacionamento com Morgan ia durar, nem mesmo se estava "rolando" algo de fato. Por não ter muito talento para a coisa, imaginei que ia acabar fazendo algo terrível, ou dizendo algo terrível e que íamos ficar por isso mesmo. Mas, até lá...

Três anos depois, Morgan e eu estávamos sentados em outro bar. A essa altura já havíamos passado por inúmeros bares, centenas de noites de porres, brigas e reconciliações, traumas com os gatos, filmes horrorosos, restaurantes, bandas, frustrações e aventuras.

Durante esse tempo, fiz e disse algumas das coisas terríveis que imaginei, porque eu sou assim mesmo. Em alguns momentos, fui um perfeito filho da puta. Estávamos juntos há poucas semanas quando liguei para ela, numa tentativa débil de terminar tudo. Eu não tinha nenhuma desculpa para dar, nem para mim mesmo. Por algum motivo, entrei em pânico. Senti que estava me aproximando demais de outro ser humano e minha reação imediata foi fugir e me esconder. Sou assim desde criança. Sempre que me vejo desenvolvendo qualquer tipo de relacionamento amigável com alguém, um alarme dispara na minha cabeça e começo imediatamente a tomar providências para evitar a pessoa em questão. O que não significa que eu não goste dela (raramente eu não gosto), e sim que estou apavorado.

Nos meses seguintes, abandonei Morgan no aniversário dela e na véspera de Natal. Peguei suas ideias, comentários, piadas e os coloquei nas colunas como se fossem meus — chegando mesmo a assumir o crédito quando as pessoas vinham falar comigo. Deixei uma foto do meu casamento pendurada na parede por muito, muito tempo. Segui minha rotina. Eu fui, sem a menor sombra de dúvida, um Babaca.

Para minha sorte, sempre conseguimos resolver as coisas. Por algum motivo, Morgan me perdoava e tocávamos o barco. Às vezes levava um tempo, mas no fim acabamos percebendo que tínhamos algo singular, algo que dificilmente encontraríamos em outra pessoa e que os bons momentos batiam de longe os ruins.

Continuamos juntos até hoje e já não me preocupo mais se as coisas vão desandar.

Morgan me fez rir mais do que qualquer outra pessoa e ela faz questão de garantir que o humor continue presente. Conversamos sobre isso várias vezes. Ela foi a primeira a observar que, quando não existe mais humor, todo o resto está fadado ao fracasso. A capacidade de achar graça das coisas continua sendo a medida definitiva da alma. O humor pode não aniquilar os demônios, mas pelo menos ajuda a afastá-los por algum tempo.

Além disso, à medida que minha visão foi piorando, ela soube instintivamente como me ajudar a subir degraus, a caminhar por calçadas esburacadas e estreitas e, quando cercado por muita gente, me agarro na manga dela de cabeça baixa e vou em frente. Em mais de uma ocasião ela chegou mesmo a correr atrás do meu velho chapéu maltrapilho em pleno trânsito após ele ter voado. De maneiras sutis, tácitas — e óbvias também — ela cuidou muito bem de mim. Desencavou todos os meus segredos e conseguiu me entender tão bem que, quando meus medos e paranoias insanos tomavam conta de mim, sabia me acalmar. Ela se tornou, em muitos sentidos, a minha musa. Minha única esperança era ser capaz de retribuir de alguma maneira.

Algumas pessoas acham estranho (e às vezes nós também achamos) que nunca tenhamos ido morar juntos, que cada um mantenha seu apartamento — o meu no Brooklyn e o dela em Manhattan. Mas, embora não seja a solução mais conveniente, temos bons motivos para adotá-la. Tenho dois gatos idosos, e ela também, e juntar os quatro num único apartamento seria dor de cabeça na certa. Além disso, conhecemos um ao outro bem o suficiente e já passamos por situações similares para saber que dividir um espaço pequeno com outra pessoa pode muito bem dar ensejo a atritos insuperáveis.

Não levo fé no que chamam de "destino", mas acredito piamente no acaso e, quanto mais Morgan e eu conversávamos, mais descobríamos coincidências bizarras.

Talvez a mais bizarra de todas tenha sido que já havíamos nos conhecido, anos atrás. Um dia, estávamos sentados do lado de fora do escritório pela manhã, antes do trabalho, e começamos a falar sobre as bandas que tínhamos visto. Lembrando bem, descobrimos que tínhamos ido ao mesmo show dos Pogues no velho Ritz em Nova York. Ficamos no mesmo lugar, perto do palco — e mais, praticamente dividimos um drinque. Eu tinha ido sozinho e levado um odre de vinho com gim (acho que era gim) escondido. Acabei dividindo a bebida com ela, na época uma total desconhecida. Eu nunca havia feito nada parecido antes. Ofereci um trago, ela aceitou. Não aconteceu nada além disso e cada um foi para seu lado.

E agora, aqui estamos nós.

Embora muitas coisas que fiz no passado possam voltar para me atormentar, essa foi uma das raras ocasiões em que um simples ato de humanidade voluntária voltou, não para me atormentar, e sim para fazer uma visita.

Durante muito tempo, "feliz" era um palavrão para mim. Uma palavra que eu sempre proferia com desprezo. Tinha certeza absoluta de que, se parasse de ser infeliz, se não tivesse mais que comprar briga com tudo e com todos, eu perderia o resto de alma que me sobrara e as histórias que escrevia se transformariam naquela xaropada sem sentido que eu escutava no rádio ou lia em revistas literárias respeitáveis. Tudo muito sem sal.

Era mais uma das minhas fobias, nem assim tão rara entre pessoas que ganham a vida escrevendo. O que acontece quando as coisas subitamente começam a dar certo? O que acontece com seu texto se um dia, não mais que de repente, você se descobre *feliz*?

Para minha sorte, era algo com que eu não teria de me preocupar por muito tempo.

CAPÍTULO 7

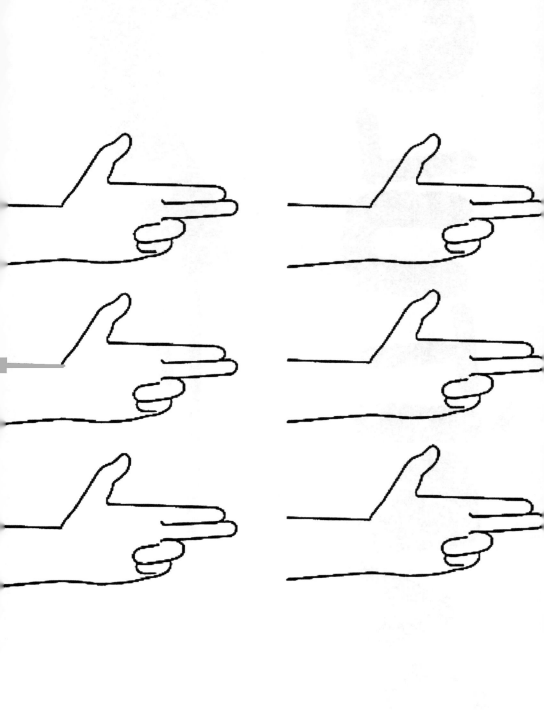

uma manhã de sábado, durante o outono de 1997, alguns meses após a enchente em Grand Forks, meus pais me ligaram de sua casa em Green Bay. Ambos estavam na casa dos 60, ainda bastante vigorosos e, felizmente, continuavam os brincalhões de sempre. Após servir a Aeronáutica por mais de duas décadas, meu pai havia passado mais 20 anos como chefe de segurança em um shopping center local e se aposentara recentemente. Minha mãe tivera vários trabalhos durante minha infância e adolescência, de guarda de trânsito a contadora, mas desde a metade da década de 1980 passara a maior parte do tempo cuidando da casa, trabalhando como babá e acalmando meu pai quando ele precisava.

Com a aposentadoria do meu pai, eles pareciam felizes em relaxar juntos, viajando bastante. Ainda falava com eles pelo menos uma vez por semana — normalmente, mais do que isso.

Pelo tom de voz empolgado do meu pai e pelo seu "alô", percebi assim que atendi ao telefone que ele tinha uma boa história para me contar.

— Nós temos um bando de corvos no quintal — ele foi dizendo, direto ao ponto, o que costuma fazer quando a história é realmente boa.

— Deve ter para mais de 30, ou mais — acrescentou minha mãe da extensão. — Tenho pavor de ir lá trás, parece aquele filme de Hitchcock.

— E eles são *enormes*. Corvos *enormes*.

— Do tamanho de um faisão — esclareceu minha mãe.

— Bem, noutro dia, e isso foi realmente impressionante... Cheguei em casa e encontrei um saco plástico na garagem... Sua mãe tinha ido para a casa da sua irmã bem cedo e estava descendo para preparar meu café da manhã. Abri as cortinas da janela da cozinha e vi uma algazarra dos diabos no quintal. Demorei a perceber o que era, e então vi que os corvos tinham enlouquecido. E, depois de olhar bem, vi que eles estavam atacando um coelho...

— Ah, meu Deus — interrompi. Tive uma coelha de estimação certa vez. O nome dela era Charlotte, um verdadeiro monstro, 12 quilos de crueldade pura, que devorava aqueles pirulitos em forma de bengala e afugentava os cães do quintal. Até hoje, continua sendo o único coelho que já vi desenvolver gosto por sangue. Ela era incrível e eu amava aquela danada pra cacete. É por isso que histórias assim sempre me desciam mal.

— É, a coisa não terminou bem — prosseguiu meu pai. — Calcei os sapatos e fui lá para espantá-los, mas vou te contar... quando cheguei no quintal, os malditos corvos já haviam arrancado a cabeça do coelho fora.

— Meu Deus!

— Seu pai não está brincando — confirmou minha mãe. — Eles retalharam o pobrezinho.

— Ele resistiu bastante até. Era um lutador de primeira. Mas estava em franca desvantagem. E não deram um segundo de trégua.

— Voltaram pra cá agora — disse minha mãe. — Sabe a Janey? Nossa vizinha?

— Hum-hum. — Jamais a conhecera pessoalmente, não que eu me lembrasse, mas o nome não me era estranho.

— Ela sacou um revólver e começou a atirar.

— Fez ela muito bem — respondi. Wisconsin continuava a ser um dos poucos lugares no país onde, até mesmo no subúrbio mais tranquilo e pacato, era possível sacar uma arma e mandar bala em pleno quintal.

— Mas com o coelho, vou te contar — disse meu pai, voltando ao assunto —, você já ouviu a expressão "lutar com unhas e dentes"? O bicho colocou as garras pra fora, mas eram tantos que não sobrou muito dele pra contar história depois.

— Coitado... Você teve que catar os restos depois?

— Tive, coloquei num saco de lixo. Está lá na garagem. Por sorte, está bem frio lá dentro e não vai começar a feder.

— Hum-hum. — Conversamos mais um pouco. Eles me contaram as novidades locais, como minhas sobrinhas estavam indo na escola, quiseram saber como ia meu trabalho. Novidades sobre alguns parentes. O tempo.

Horas depois de termos desligado, ainda não conseguia tirar a história do coelho da cabeça. Fiquei imaginando o pânico que ele deve ter sentido em seus derradeiros minutos, sabendo que estava prestes a morrer. Além disso, o que mais me incomodava era imaginar a tortura lenta e agonizante de milhares de bicadas dilacerando sua carne, uma atrás da outra. Uma única bicada não devia ser assim tão ruim. Ele provavelmente passava por isso todos os dias. Duas ou três já deviam incomodar, mas mesmo assim era possível escapar sem maiores danos. O problema era suportar bicos afiados e rígidos uma centena de vezes. É *aí* que a coisa começa a complicar.

Às vezes dá pra sacar de cara e, assim que o sujeito cruzou a porta principal do jornal e veio andando na minha direção, eu saquei.

Um mês atrás, o jornal havia mudado do edifício Puck, no Lower East Side, para um escritório insípido e sem personalidade no décimo quarto andar em Chelsea, a três quarteirões ao sul do Madison Square Garden. O escritório podia ser facilmente confundido com as instalações de qualquer companhia de seguros medíocre nos Estados Unidos, com seu carpete verde-oliva, suas paredes bege e fileiras de cubículos.

A área da recepção, que ficava separada do resto do escritório por uma porta trancada, era bem diferente. Minha mesa ficava atrás de um balcão comprido e alto em um dos cantos de um cubo branco. Não havia janelas, nem vista para postos de gasolina, e a maior parte do contato humano que eu tinha era com desconhecidos que cruzavam a porta principal. Como aquele sujeito.

Eu sabia que estava perdido. Havia algo em sua malcuidada barba branca, seu gorro de lã ensebado e o modo como andava com camadas de casacos velhos maltrapilhos e cachecóis que escondiam a sua figura alta e magra. Ele tinha uma leve semelhança com Grady de *Sanford and Son* — ou Dick Gregory.

Ele se inclinou na minha mesa, perto demais para o meu gosto, e perguntou: — Denise Carter está?

Precisei pensar um pouco. — O senhor quer dizer *Dennis* Carter? Não, não está. — Tínhamos um Dennis, não uma Denise.

— Não, *Denise* mesmo. Quando é que ela volta?

Respirei fundo, fechei os olhos e tentei manter a compostura antes de continuar: — Para começar, Dennis não é *ela* e não faço ideia de quando ele volta, se é que volta hoje.

— É Denise.

Era como sentir a bicada do corvo na pele. *Peck.*

— Eu sei quem trabalha aqui — respondi mantendo a calma. Peguei a lista dos ramais dos funcionários e apontei. — Aqui está. "Dennis." Viu? Não tem nenhuma Denise Carter. Aliás, não temos Denise nenhuma. Só Dennis. E ele não tem horário fixo. Há uma semana que não o vejo por aqui. — Era mentira, obviamente; Dennis estava em sua sala naquele exato minuto, mas eu não era idiota. Era recepcionista.

Só então comecei a sentir o fedor que exalava do visitante.

— Ah — disse ele. — Eu devo ter lido o nome errado. Quando é que ele chega?

— Não sei — respondi.

Ele retrucou com a última coisa que um recepcionista quer ouvir:

— Vou esperar.

Peck.

— Seria melhor se o senhor deixasse um recado, sabe? Aqui está um pedaço de papel e uma caneta. — Coloquei-os sobre o tampo do balcão que nos separava. — O senhor pode ir ali escrever. Eu entrego a ele.

— É extremamente importante.

— Tenho certeza que sim.

— Como posso saber que vai chegar até ele?

Perguntas desse tipo sempre me deixavam puto.

— Recebi treinamento profissional para isso — assegurei. — Vou entregar o recado a ele. O senhor pode ir até ali e escrever.

Notei o tremor em sua voz quando ele se afastou em direção à cadeira, falando sozinho.

— Coisas que as pessoas não fazem ideia — disse ele, mais para o recinto vazio do que para mim. — Médicos, hospitais. Coisas que as pessoas desconhecem. A Medicina... Sujeitos como eu podem ter uma hemorragia cerebral e sobreviver... Pode até não matar, mas acaba com a pessoa. A pessoa fica fodida *pro resto da vida.*

Peck, peck.

— Hum-hum — respondi, levemente surpreso com essa história de "hemorragia cerebral".

Ele apoiou a bolsa no chão e pôs-se a abaixar-se até a cadeira de modo lento, trêmulo e doloroso.

— Têm coisas acontecendo aqui nesta cidade que ninguém sabe. Prefeitura. Estamos a um passo de ser dominados pelo fascismo.

— Hum-hum. — Voltei ao meu trabalho, torcendo para que o telefone começasse a tocar sem parar.

Uma vez sentado, ele se inclinou, com papel e caneta em punho, e ficou absolutamente imóvel, organizando seus pensamentos enquanto seu fedor aos poucos preenchia todo o ambiente pequeno e sem janelas.

Lisa, uma das editoras, apareceu e fiz um gesto para ela se aproximar.

— Oi, Slacky — cumprimentou ela. — O que foi?

— Duas coisas — respondi. — Não se esqueça de que você tem uma entrevista às três e meia e, se você vir Sam, diga que os documentos que ele estava procurando estão no escaninho dele. Valeu mesmo.

Era tudo mentira, claro. Não havia nenhuma entrevista e nenhum documento na caixa postal de Sam. Mas, enquanto eu falava, rabisquei um recado para Lisa em um pedaço de papel:

NÃO GANHO PARA ISSO.

Durante uma hora, o amigo de Denise Carter ficou sentado na cadeira, rascunhando um bilhete no papel que eu lhe dera. Nunca dou folhas de papel inteiras para as pessoas deixarem recado aos funcionários ausentes. Pedaços pequenos de papel as obrigam a escrever recados concisos, o que normalmente faz com que não demorem muito na recepção. Minha estratégia não estava funcionando muito bem nesse caso.

Funcionários chegavam e partiam. A maioria olhava para o velho na cadeira e depois para mim. Alguns pareciam solidários, outros lançavam um olhar maldoso de deboche. Isso não me incomodava. Um dia, os babacas iam ver o que era bom.

Quando finalmente terminou, o velho cambaleou de volta até a recepção e, sem uma palavra, deitou o bilhete cuidadosamente dobrado no balcão.

Peck, peck, peck.

Depois voltou para a cadeira e se acomodou mais uma vez.

Ah, meu Deus do céu!

Tentei ignorá-lo, mas, alguns minutos depois, ouvi um barulho. Espiei por detrás do balcão e vi que ele havia suspendido as pernas da calça e estava coçando freneticamente suas panturrilhas sarnentas.

Peck, peck, peck, peck.

Voltei ao trabalho, sem conseguir disfarçar minha expressão de nojo. Por fim, ele parou de se coçar e ouvi o leve som de algo sendo espremido, seguido por um cheiro diferente do fedor concentrado de suor, urina e merda que havia me distraído na última hora. Espiei sobre o balcão mais uma vez. Ele havia sacado três tubos de unguento para a pele, colocara-os no chão junto aos pés, e estava lustrando a perna direita.

Peckpeckpeckpeckpeck...

— Argh, meu Deus, senhor... será que poderia fazer isso em outro lugar?

Ele nem me deu bola.

— Não estamos em um banheiro público, senhor — avisei, mudando na mesma hora para meu tom impertinente: — Sugiro que encontre um.

Nada.

Enquanto eu o observava com uma mistura de surpresa e horror, ele passou de um tubo para o outro, depois para o outro e em seguida de volta ao primeiro. Quando terminou de besuntar as pernas, guardou os tubos na bolsa. Voltei para o computador, presumindo que ele tivesse terminado e fosse partir. Mas, logo em seguida, percebi duas coisas. Primeiro, que sou um sujeito muito idiota, e, segundo, que o cheiro de talco de bebê é inconfundível.

Quando ele terminou de se coçar, se descamar, se esfregar, ensebar e se entupir de talco, guardou tudo na bolsa, ficou de pé e voltou à recepção.

— Jogaço, hein? — anunciou ele, no que parecia uma tentativa de parecer normal e amigável. — Os Jets?

Dessa vez, quem não respondeu fui eu. Apanhei o bilhete que ele havia escrito e saí para colocá-lo no escaninho de Dennis. Normalmente eu lia o recado assim que a pessoa ia embora, às vezes tirava até uma xerox quando era muito engraçado, mas, naquele dia, nem me dei a esse trabalho. Quando voltei para a recepção, ele continuava no mesmíssimo lugar.

— As pessoas não sabem o que está acontecendo — disse ele. — Não dá mais para impedir nada.

— Encaminhei o recado do senhor ao Dennis — avisei, cansado. — Talvez ele possa ajudá-lo mais tarde.

— Ele volta hoje?

Apontei a porta e lancei um olhar feroz para o sujeito. Finalmente, ele entendeu a deixa.

Depois que o velho foi embora, fui até o escaninho, apanhei o bilhete que ele havia escrito e joguei no lixo. Fiquei com medo de que Dennis visse — era pouco provável, mas nunca se sabe — e resolvesse fazer algo a respeito. Se ele fizesse, eu teria que lidar com aquele sujeito novamente. Sem chance.

Quando você escuta as pessoas conversando no metrô ou quando um amigo te liga, normalmente você sabe o que vão dizer antes mesmo de abrirem a boca. Mesmo que você não antecipe palavra por palavra, dá para adivinhar do que se trata. Mas algumas pessoas não são assim tão previsíveis. Algumas são interessantes, algumas geniais, outras comediantes. A maioria, porém, é perigosa e assustadora. São os corvos dos quais temos que nos proteger.

Retornei à minha mesa, onde os telefones voltaram a tocar e estranhos sem rosto continuaram a berrar comigo. A maioria das ligações para o jornal se resumia a isto: pessoas berrando comigo.

— Alô, *New York Press* — eu sempre dizia, com uma voz melancólica, quase um lamento.

— Liguei mais cedo, sobre os anúncios pessoais — disse uma voz de mulher —, e eles me deram o número da caixa postal errado. Aí liguei de novo, peguei outro número e estava errado *também*.

Eu escutava coisas assim um milhão de vezes por dia. Respondia com a maior delicadeza possível: "Não tem ninguém que possa ajudá-lo no departamento agora. Só amanhã de manhã, por volta das nove, dez horas." Para falar a verdade, eu nunca soube o horário do sujeito que publicava os anúncios pessoais e, mesmo que ele aparecesse para trabalhar, não havia nenhuma garantia de que fosse atender aquelas ligações. Ele raramente atendia. Gostava tanto quanto eu de ter de lidar com aquelas pessoas.

— O que isso significa? — A voz da mulher estava ficando cada vez mais histérica. E eu sabia como isso podia terminar.

— Bem, minha senhora... Quero dizer que a senhora vai ficar cada vez mais burra, velha e vai acabar morrendo. Provavelmente sozinha.

Todas as noites, antes de sair, eu tinha que selar a correspondência que se acumulara ao longo do dia, armazená-la em sacos pardacentos (normalmente eu precisava de dois ou três), arrastá-los até a calçada e entupir a caixa do correio.

Na época do edifício Puck, Morgan e eu fazíamos isso juntos. Era nosso ritual. Quando os sacos ficavam vazios, o dia havia oficialmente terminado e nós podíamos ir tomar umas cervejas no bar da esquina.

Mas, um pouco antes de o jornal mudar de sede, Morgan havia deixado o emprego para trabalhar com ilustração. Fiquei triste com sua saída — ela era a única coisa que me mantinha lúcido atrás daquele balcão —, mas fazia sentido. O novo emprego pagava muito melhor e era o que ela realmente gostava de fazer.

Ainda nos encontrávamos para umas cervejas todas as noites, mas antes de vê-la eu ainda tinha que cuidar da correspondência, trancar o escritório, descer os malotes postais e tatear meu caminho até o metrô, que me deixava a apenas alguns quarteirões do nosso costumeiro bar. Normalmente, chegávamos quase na mesma hora.

Na época em que trabalhara no jornal, Morgan lidara com inúmeros babacas ao telefone e lunáticos avançando porta adentro para ser capaz de compreender o que eu havia passado naquele dia e por que a coisa estava começando a me deixar de saco cheio.

O bar que frequentávamos na época ficava perto do Milano's. Gostávamos dele porque era bem menos barulhento e tinha um bartender muito menos mal-humorado. Era escuro e estreito como o

Milano's — mais escuro e mais estreito até —, mas, uma vez sentados, nada mais importava. Poder conversar um com o outro nos bastava e o bartender nunca deixava nossos copos vazios.

Às vezes eu tinha a impressão de que, desde o momento em que havíamos nos conhecido, Morgan e eu estávamos levando um único papo, que abrangia vários anos e centenas de assuntos, um dando origem ao outro. Uma conversa interrompida apenas pelo trabalho e as horas de sono.

Ela me ensinou mais do que qualquer professor de universidade, sobre tudo, desde animação, fotografia, biologia e química, até computadores, música e sobre a própria Nova York. Havia nascido lá — uma das poucas nativas que conheci — e desfrutara sua cota de aventuras na cidade antes de nos conhecermos.

A despedida após uma noitada no bar era difícil, mas nós dois tínhamos gatos para alimentar e precisávamos acordar cedo para trabalhar no dia seguinte. E, embora quase sempre estivéssemos bêbados ao nos despedirmos, eu partia com a cabeça lotada de ideias até em casa. Às vezes, simplesmente pensava nela e isso era ainda melhor.

Mas outras vezes, por mais que tivéssemos nos divertido juntos, nada conseguia apagar a lembrança de um dia ruim no trabalho, dias como o que eu acabara de ter e todos os que decerto viriam. E, após lhe dar um beijo de boa noite, entrava no vagão rumo ao Brooklyn ainda me sentindo exausto, um bagaço, esgotado — e encachaçado, ainda por cima.

Eu me sentava e fechava os olhos para ignorar os estímulos externos. Mas, assim que o trem saía da estação, a música surgia bem na minha frente. Não tinha escapatória.

Nova York oferece uma extraordinária variedade de músicos que fazem o circuito dos metrôs — grupos a capela, violonistas, cantores, manetas que tocam gaita (e mal), violinistas, clarinetistas e acordeonistas. Cheguei a ver um sujeito com uma tuba certa vez.

Alguns são mais talentosos do que imaginamos encontrar no metrô. Outros, longe disso. A maioria — não todos, infelizmente — chega mesmo a se desculpar pela falta de talento antes de começar.

Abri os olhos, sabendo exatamente o que ia ver: o trio vestido de *mariachi*, coitados. Um cantor sacudindo um par de maracas, outro tocando sanfona e o terceiro dedilhando com agilidade um imenso violão. O visual dos três parecia saído de um desenho animado — ponchos com franjas, *sombreros*, tudo a que tinham direito — e eles tocavam as músicas mais deprimentes do mundo. Infelizmente, por não saber nada de espanhol, não fazia a menor ideia do que se tratavam as letras. Só sabia que eram tristes pra cacete.

Apesar de tudo — os acontecimentos do dia, minha exaustiva bebedeira —, consegui esboçar um sorriso. Já os esperava após dias como aquele. Sempre que saía do trabalho com a sensação de que haviam moído meus miolos, eles apareciam, sem falta, como uma espécie de coro grego particular, surreal e fantasmagórico — um coro cujos conselhos eu jamais seria capaz de compreender ou levar em consideração.

Somente na terceira ou na quarta vez em que eles surgiram após dias pavorosos foi que os identifiquei como um padrão. Logo, comecei a esperar, a ansiar sua aparição, como se isso pudesse justificar o que eu estava sentindo. Eles nunca surgiam em dias bons. Quando deparava com os *mariachi*, era porque o dia tinha sido uma merda.

E lá estavam eles.

Jamais saíam do lugar, não zanzavam pelo corredor do trem pedindo um troco enquanto se apresentavam. Não, ficavam parados no mesmo lugar, plantados na minha frente, chorando as mágoas.

Engraçado, pensei, *nunca cheguei a vê-los entrando no trem.*

Fechei os olhos novamente, satisfeito por terem me achado mais uma vez — e sabendo que, por isso, eu só podia estar na pior.

As coisas sempre pareciam melhorar quando eu finalmente chegava em casa, fechava a porta e era recebido pelas minhas duas feras. Eles sempre vinham me cumprimentar. Estavam comigo desde a

Filadélfia, tinham testemunhado tudo (à sua maneira) e eu os amava mais do que a muita gente. Desde seu primeiro dia juntos, o imenso gato malhado cujo coração transbordava de bondade amara a pequena e malvada preta e branca com todas as suas forças, e ela, por sua vez, tinha verdadeiro pavor dele. Após 13 anos de convivência, ele continuava carente, sofrendo pelos cantos, e ela demonstrando sua aversão num sibilo sempre que ele aparecia.

À medida que envelheciam, iam ficando cada vez mais malucos. Ultimamente, a carência dele se transformara em assédio obsessivo. Ele aproveitava quando a gata estava dormindo toda enroscada para se aproximar e ficar ao seu lado, encarando-a fixamente. Ficava lá, com os olhos pregados, ronronando, até ela acordar e começar a sibilar. Era muito estranho. Os dois haviam desenvolvido manias como esta.

Estava exausto e bêbado, mas mesmo assim os gatos teimaram em não me deixar dormir naquela noite, miando para fantasmas e batendo a cabeça contra as janelas. Nada que eu fizesse podia dissuadi-los. *Talvez Jesus tenha vindo visitar os dois desta vez*, cheguei a cogitar em determinado momento, enquanto lutava para ter um minuto de descanso.

Depois de três horas de sono (fragmentadas em cochilos de dez minutos), saí para trabalhar de mau humor, desgrenhado e mancando muito por causa do calcanhar esquerdo, que estava me incomodando bastante nos últimos tempos. Devia ser algum tumor. Eu estava aplicando o agente nitrificante que o médico sugerira há algumas semanas, mas não estava adiantando nada — apenas corroendo minha pele.

Cheguei ao trabalho, me acomodei, dei um gole no meu café e fumei o quarto cigarro daquela manhã. O telefone começou a tocar. A porta para o escritório no fim do corredor se abriu. Nunca soube direito o que se passava lá dentro. Trabalho, imagino eu. Um senhor distinto, usando chapéu preto, um casaco preto sob medida e com a barba muito branca saiu do escritório e ficou ali parado, observando. Não havia mais ninguém por perto.

— É tudo culpa sua — disse ele, com resoluta frieza, sem esboçar o mais leve sorriso.

— Ouço isso sempre — admiti. — Eu sei... e sinto muito. — Então, ele entrou num elevador e desapareceu.

Era verdade. No metrô, em lanchonetes, no meio da rua, pelo telefone, uma ou duas vezes por semana, do nada, alguém, um desconhecido, vinha me dizer que era tudo minha culpa. Raramente me contavam que "tudo" era aquele e eu não era idiota de perguntar. Sempre imaginei que fosse o alívio cômico de alguma frustração até aquele velhinho afirmar minha culpa com tanta convicção. Ele chegou a sacudir o dedo em riste para mim. Qualquer que fosse a enrascada em que havia se metido, ele estava certo de que o culpado era eu.

O que não era de todo impossível. Junto com a parada no meu calcanhar, eu estava sendo atormentado por breves apagões nas últimas semanas. Com mais frequência do que de costume. Cheguei a parar no topo dos degraus da estação de metrô na esquina da Sexta Avenida com a Rua 23, lutando (em vão) para acender um cigarro contra o vento enquanto tentava desesperadamente descobrir como chegara até lá. E não era uma pergunta filosófica.

Eu me lembro de ter comido uma tigela de cereal e tomado uma xícara de café frio. Lembro de ter escovado os dentes e tomado meus anticonvulsivos. Lembro de ter sentado no banco de madeira da cozinha para calçar os sapatos. Mas, depois disso, nada — absolutamente nada —, a não ser que me encontrava naquele exato momento em uma esquina em Manhattan, cercado de proletários com olheiras executando coreografias improvisadas para se desviarem de mim a caminho de seus trabalhos.

Conferi meu relógio. Eram 7h35 da manhã. Eu normalmente saía de casa um pouco antes das 7. Apagara por quase 45 minutos.

Não me lembrava de ter vestido o casaco, trancado a porta de casa, caminhado até o metrô, inserido o bilhete na roleta, aguardado na plataforma, entrado no trem, ido até Manhattan, saltado do trem e subido as escadas até a rua. Não creio que estivesse dormindo. Nunca fui sonâmbulo.

Não era a primeira vez que eu perdia alguns minutos aqui, outros ali, mas nunca apagara por tanto tempo antes. Não podia deixar de me perguntar: o que será que eu fazia durante esses lapsos?

O que é possível fazer em 45 minutos, ou 15, ou 5?

Parando para pensar, muita coisa. Furtar, por exemplo. Um bom batedor de carteira leva não mais de um segundo. Dá para fazer ameaças de bomba pelo telefone. Provocar um incêndio e fugir. Cortar pneus de carro estacionados no meio-fio. Até mesmo matar alguém. Matar alguém só seria complicado porque é preciso esconder as evidências e remover vestígios de sangue. Meu Deus, há semanas que escutava sobre assaltos e assassinatos. A polícia não encontrara nenhum suspeito. E se todas aquelas histórias nos noticiários fossem os relatos do que eu andava fazendo enquanto estava fora de mim?

A não ser que se tenha um cônjuge para vigiá-lo durante o sono, como é possível saber o que fazemos quando deitamos a cabeça no travesseiro e fechamos os olhos à noite? Você já acordou se sentindo exausto, sem saber por quê? Talvez, sem perceber, você esteja saindo da cama de madrugada, trocando de roupa, saindo de casa e soltando os cachorros dos vizinhos. Ou pior ainda: saindo para fazer cooper.

As possibilidades são realmente espantosas. Quando meus ataques começaram a piorar, no final da década de 80, não conseguia lembrar absolutamente nada do que fazia ou dizia naqueles períodos — e olha que fiz coisas horríveis. Disse coisas inimagináveis, me mordi, esmurrei a parede do banheiro. E depois, nenhuma lembrança sobrevivia, a não ser as dores musculares, as marcas de dentes no meu braço ou uma namorada (minha futura ex-mulher) puta da vida comigo. Na minha cabeça, eu não tinha feito nada. Pelo menos, nada de que me lembrasse. Mas, segundo diziam, eu encarnava Jack Nicholson encurralando Shelley Duvall em *O Iluminado*.

Por isso crimes grosseiros e comportamento cruel são as primeiras coisas que me vêm à cabeça quando reflito sobre as possibilidades ocultas desses lapsos. Por outro lado, advogados já tentaram usar lapsos de consciência e sonambulismo para defender acusados de homicídio, em geral com resultados desastrosos.

Em vez de cometer crimes, nada impede que a pessoa saia por aí fazendo boas ações — salvando filhotes de gatos, pagando o estacionamento dos outros, sei lá. Algumas pessoas — para falar a verdade, pessoas que conheci na recepção do jornal — chegaram a cogitar que os lapsos significavam que eu tinha sido abduzido por ETs. Ou que estava sendo controlado mentalmente por dispositivos eletrônicos empregados por agências secretas do governo.

Conheço pessoas que acham que durante esses instantes perdidos se tornam invisíveis agentes de Satã. Demônios menores vagando por aí em cascos fendidos, asas cinzentas e imundas escondidas sob casacos negros compridos, causando todos os pequenos transtornos com que nos deparamos diariamente. Engarrafamentos, faxes que não chegam, telefonemas que atendemos e que deixamos de atender, água com gosto esquisito, carreiras que nunca decolam, pele solta ao redor das unhas, casamentos desfeitos, doenças, poças mais fundas do que você imaginava. Tudo obra das forças maléficas invisíveis.

Não tenho inteligência, imaginação ou arrogância o bastante para me enquadrar nessas categorias. Sou apenas um cara cego com um considerável histórico de problemas psicológicos e neurológicos. Sei que o velho me culpou pelo seu problema simplesmente porque eu estava parado lá, sentado. Eu era um alvo fácil. O mesmo pode ser dito das pessoas que me esculhambavam pelo telefone. Elas não sabiam quem eu era, mas, porra, eu *estava* do outro lado: um recepcionista, ninguém por perto para culpar, um alvo fácil para os dedos em riste, sem poder confirmar ou negar minha inocência. Pelo menos aquele velho também foi um alvo fácil para mim, para me dar uma explicação para algo que eu não podia, nem precisava explicar.

Apesar dos visitantes com seus unguentos e dos tipos raivosos e imbecis que bloqueavam as linhas telefônicas, ser recepcionista no jornal foi bem divertido nos dois primeiros anos. Eu ouvia paranoias lastimáveis e lia manifestos escritos à mão antes de todo mundo. Porém, com o tempo e um cansaço crescente — o movimento não acabava nunca —, o meu entusiasmo morreu. Todas as histórias começaram a parecer iguais, como se extraídas de um único roteiro original. O mesmo podia ser dito da minha rotina.

Eu me levantava, pegava o metrô até o trabalho e depois falava com pessoas insanas e raivosas por dez horas. No fim do dia, arrastava a correspondência até a caixa de correio a um quarteirão de distância, depois me enfurnava no bar para algumas horas agradáveis e relaxantes com Morgan. Então, voltava para casa, afagava os gatos, comia alguma coisa, ia dormir, acordava e fazia tudo igual no dia seguinte.

Depois de três anos sentado atrás do balcão, eu tinha vontade de pedir demissão todos os dias, mas não tinha outra escolha a não ser continuar no trabalho. O que mais eu poderia fazer? Ninguém ia me contratar para um emprego decente. Isso, eu já aprendera por experiência. Agora que ainda por cima eu estava perdendo a visão, minhas opções eram ainda mais escassas.

— Jimmy? Posso te fazer uma pergunta pessoal? — perguntou Trixie, que, além de um ex-policial conhecido meu, era a única pessoa que me chamava de "Jimmy" sem um tom depreciativo.

— Claro — respondi. Gostava de Trixie. Era uma mulher de quarenta e poucos anos, do Bronx, durona, que fumava sem parar, bebia vodca pura no almoço e nunca levava desaforo para casa. Ela estava no jornal há um ano, mas dava para ver que o trabalho já começara a afetá-la. Eu era sempre o primeiro a chegar e ela, a segunda, e normalmente Trixie parava na recepção para conversar um pouco comigo.

— Como é que você consegue? Como aguenta essa gente? — perguntou, fazendo um gesto vago para a recepção vazia. Ela vivia me perguntando isso.

E eu dava sempre a mesma resposta: — Abaixo a cabeça e tento ficar de boca fechada.

— Eu sei, parece que você fica protegido por uma *bolha* imensa e bizarra, sabe — disse ela, enfiando um cigarro na boca e apanhando uma das caixas de fósforos espalhadas sobre minha mesa. — Todo mundo aqui morre de medo de você.

— Ah, que isso — respondi. Definitivamente, não era o que parecia. A maioria só queria que eu despachasse encomendas da noite para o dia e filtrasse suas chamadas. Mas, parando para pensar, acho que, fora isso, eles realmente mantinham certa distância. O que era um alívio. A maioria das pessoas que trabalhava lá era jovem. Não tenho paciência com jovens.

Sei que é um clichê batido, mas sempre me senti velho. Quando tinha 25 anos e trabalhava numa agência de cobrança na Filadélfia, uma mulher no escritório me perguntou: "Como é que um velho de 70 anos foi parar aí dentro de você?" Não soube responder.

Estava me sentindo mais velho do que o normal naquela época, mesmo na tenra idade de 33 anos. No jornal, eu estava cercado por garotos de vinte e poucos anos, alguns mais novos ainda, todos cheios de vida, conversando em voz alta, entusiasmados, sobre alguma banda pop da qual eu nunca ouvira falar. Ou, pior ainda, sobre algum colunista político de que gostavam ou que detestavam. Eles me tiravam do sério, aqueles moleques irritantes, cheios de animação. E me faziam sentir dez anos mais velho do que era. Eu praticamente não tinha assunto com eles. É triste se sentir velho, sem se sentir propriamente adulto.

— É sério — continuou Trixie. — O povo aqui se caga de medo de você. Vamos combinar, né, Jimmy. Você é esquisito pra caralho.

Ela era uma das poucas pessoas capazes de dizer algo assim e ainda dar um tom de elogio.

No final de 1997, um editor entrou em contato comigo, me convidando para escrever um livro. Eu estava resistindo àquela ideia há muito tempo. O caráter descartável das colunas que escrevia para o jornal me agradava. Eu escrevia uma história, ela saía no jornal e, na semana seguinte, virava lixo e era esquecida. Meu velho lado niilista adorava isso. Cada semana era um recomeço e nenhuma significava algo especial.

Mas, depois de fazer isso durante uma década, vivendo assim semana após semana e ainda ficando velho enquanto isso, comecei a achar que talvez não houvesse nada de tão errado em deixar algo mais concreto para a posteridade. Acabei concordando e assinei o contrato.

Um ano depois, pouco antes de o primeiro livro ser lançado, também decidi que não dava mais para ficar na recepção. O problema é que nunca tive muito talento para procurar emprego. Antes de me contratarem como recepcionista, tinha ficado dois anos desempregado. Durante esse tempo, apesar de ter mandado dúzias de currículos, o mais próximo que cheguei de ser contratado foi como empacotador numa loja de bebidas baratas perto de casa. Estavam oferecendo cinco dólares a hora e, na situação em que me encontrava, fiquei empolgado com a possibilidade.

Mas até isso consegui estragar, escrevendo uma coluna sobre a loja antes de me oferecerem o emprego oficialmente. Descrevi o lugar como um estabelecimento desleixado de quinta categoria e detalhei todos os problemas pessoais e psicológicos do dono (que fiquei sabendo durante minhas idas praticamente diárias à loja).

Achei que o sujeito jamais leria a coluna, mas estava enganado. Eis algo que aprendi com o passar dos anos: quando você escreve sobre alguém, independentemente de onde for publicado e de você citar ou não nomes, a pessoa vai ficar sabendo.

Dessa vez, resolvi evitar erros desse tipo. Saí ligando para várias pessoas que, em algum momento, alegaram me dever favores, na esperança de ter um emprego confortável engatilhado antes de me demitir do jornal. Foi nessa época que descobri o que é ter que pedir favor às pessoas em uma cidade como Nova York.

Vendo que não estavam chovendo ofertas para mim, sentei com meu editor, o sr. Strausbaugh, e expliquei a situação. Disse a ele que estava enlouquecendo lá. Que tinha alucinações, que o rádio falava comigo e que não tinha mais condições de lidar com gente insana e raivosa o tempo todo, todos os dias. E ainda lembrei que havia assumido aquele posto por mais tempo do que qualquer recepcionista na história do jornal e que estava na hora de mudar. Sugeri que eles talvez pudessem me contratar como redator-assistente. Eu escrevia para o jornal semanalmente há mais de cinco anos — àquela altura, eles deviam saber que podiam confiar em mim.

Para minha surpresa, eles toparam. Três meses depois arrumaram alguém disposto a ocupar meu posto na recepção e me mudei para uma mesa no escritório. Eu ia dividir meu espaço com mais dois assistentes, uma equipe rotativa de estagiários, revisores e verificadores de fatos. O escritório novo tinha até janelas.

Depois da mudança, momentos após ter me instalado em minha nova mesa, entrei em pânico. Fiquei apavorado só de pensar no que me esperava. Era a velha maldição tornando-se realidade: eu conseguira exatamente o que queria e agora não sabia nem por onde começar. Em vez de preencher comprovantes da FedEx, cuidar da correspondência e atender telefonemas desaforados, eu estava ali apenas para escrever, e escrever muito. Bem mais do que estava acostumado até então. Nos primeiros dias, fiquei sentado diante do computador, paralisado, incapaz de digitar uma única palavra. Não me vinha uma ideia sequer à cabeça. Apesar de toda minha bravata no encontro com o sr. Strausbaugh, não sabia nem de longe o que iria fazer. Fui um milhão de vezes ao banheiro. Pânico absoluto.

Mas Morgan me tranquilizou, como sempre costumava fazer quando me via daquele jeito, e me convenceu de que a mudança fora para melhor. E, embora eu tenha precisado de alguns dias para entrar no ritmo, acabei conseguindo trabalhar, escrevendo não só minha coluna, mas matérias semanais, bem como qualquer coisa que o jornal precisasse para tapar buraco — críticas de livros e discos, editoriais, reportagens investigativas, chamadas para eventos futuros, qualquer coisa.

Talvez, pensei no fim da primeira semana, *as coisas comecem a funcionar para mim afinal.*

CAPÍTULO 8

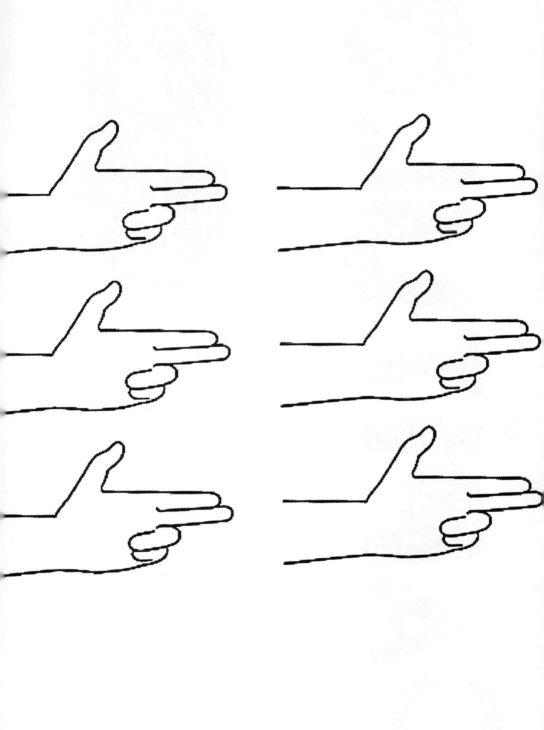

epois de passar todas as noites no mesmo bar por um bom tempo, eu e Morgan decidimos que estava na hora de mudar, de encontrar um canto novo. Às vezes, bastavam algumas semanas para chegarmos a essa conclusão, em outras, alguns anos. Dependia muito do bar.

Podíamos simplesmente ficar de saco cheio, o clima e a atitude do lugar podia mudar ou podia tornar-se popular demais. Não éramos muito chegados a lugares da moda.

O novo bar que havíamos escolhido chamava-se Ray's e era bem legal. Estava longe de ser sofisticado, era silencioso e agradável e tinha uma ótima seleção de cervejas. Conhecíamos os bartenders e eles eram gentis conosco, deixando-nos a sós na maior parte do tempo.

Assim como os outros que acabamos por frequentar ao longo dos anos, o Ray's ficava no East Village — uma área que, no imaginário popular, era o refúgio decadente de artistas ultramodernos, músicos e escritores. Uma Meca para poetas alternativos e cantores folk — e, ao mesmo tempo, um universo perigoso e sombrio repleto de viciados, marginais e criminosos ordinários.

Na verdade, embora tudo isso possa ter correspondido à realidade há 200 anos, o East Village que frequentávamos estava apinhado de estudantes universitários, pseudointelectuais e turistas, e havia se tornado um dos bairros mais caros da cidade. Os garotos punk-rock da quinta geração que ficavam por lá mendigando no St. Mark's Place não raro usavam óculos escuros que custavam mais do que meu guarda-roupa inteiro.

Mas era conveniente — Morgan morava lá há uma década — e de fácil acesso, tanto do trabalho quanto do Brooklyn. Também era fácil encontrar uma boa variedade de bares decentes, mas ainda imaculados.

Uma das coisas que nos atraiu no Ray's foi o fato de ficar praticamente deserto quase todas as noites durante a semana. Uma das vantagens do trabalho como redator-assistente era eu poder chegar e sair do escritório quando queria. Como recepcionista, ficava preso atrás do balcão das oito da manhã às seis da tarde. Agora podia sair à uma da tarde se quisesse, o que eu normalmente fazia, de acordo com os horários de Morgan. Eu saía do escritório, encontrava com ela e íamos juntos para o bar.

Foi numa tarde de agosto. Estávamos no bar há bastante tempo, já havíamos tomado umas e outras (a mesma quantidade de sempre) e estávamos pensando em ir embora. O sol estava se pondo, mas ainda era claro e o ar estava muito seco e abafado para o meu gosto.

Quase toda noite pegávamos nossas bebidas e íamos para uma mesa reservada lá no fundo, perto de uma janela que dava para o pátio externo. Essa área externa foi o que nos chamou atenção primeiro — não havia muitos bares com áreas externas em Nova York. Quando o tempo estava bom (e às vezes até mesmo quando não estava), sentávamos do lado de fora, onde o ar era mais fresco e eu ainda conseguia enxergar alguma coisa. Mas, naquele dia, optamos pelo ar-condicionado. A janela proporcionava uma leve brisa e alguns raios de luz, o que era bom.

Por volta das cinco daquela tarde, uma festa de escritório invadiu o nosso recanto normalmente tranquilo. Reivindicamos nosso lugar na mesa dos fundos, mas o resto do bar estava lotado com jovens de cabelos curtos usando ternos, bebericando martínis e conversando aos berros sobre seus trabalhos desinteressantes. Talvez eu esteja fazendo uma generalização injusta sobre um grupo inteiro de pessoas, mas por ter deparado com gente assim diversas vezes em Nova York — jovem, prematuramente rica e pretensiosa — descobri que, na maioria das vezes, é a mais pura verdade. Eles têm duas coisas que eu detesto: arrogância escandalosa e sofisticação forjada.

A atmosfera estava ruim, o que era raro no bar. Nunca precisamos levantar a voz para nos escutarmos lá, nunca precisamos enfrentar uma multidão de gente para conseguir mais uma bebida e a música estava sempre num volume tolerável. Atmosferas como aquela já haviam nos convencido a abandonar outros bares antes do Ray's. Não tínhamos tempo para aquela palhaçada. Mas naquela noite estávamos com nossas bebidas e nossa mesa, de modo que decidimos deixar rolar pelo menos por mais algumas horas, até estarmos satisfeitos e prontos para ir embora, torcendo para que aquela noite fosse uma anomalia, e não a nova rotina do Ray's.

Quando decidimos partir, avançamos lentamente pela multidão tentando alcançar a saída. Segui andando grudado atrás de Morgan, apoiando as mãos em seus quadris, de cabeça baixa enquanto ela me conduzia, avisando quando o caminho estava estreito, alertando para bancos e me incentivando a avançar quando abria algum espaço. Ela é incrível comigo.

Na metade do caminho, um dos garotos de terno esticou o braço e com a mão livre — a outra segurava uma taça de martíni — arrancou meu chapéu e depois o enterrou de novo na minha cabeça. Foi um pequeno incidente, durou apenas um segundo, completamente insignificante. Mas o fato de eu estar cheio de bebida na cabeça não ajudou muito. Eu devia ter deixado pra lá, mas acabei explodindo, tomado pela ira. Estávamos a caminho da porta quando apanhei a bengala que estava dobrada na minha bolsa e a empunhei como um porrete, resmungando para mim mesmo: "*Alguns babacas merecem uma bengalada nos cornos.*"

— O quê? — perguntou Morgan, ainda tentando nos guiar até a porta.

— Ah, um imbecil arrancou meu chapéu. — Minha raiva já estava passando. Costumava durar muito pouco.

— Hã? — perguntou ela, virando-se.

Eu repeti, já nem ligando mais para o incidente.

Ela olhou sobre o meu ombro e lançou um olhar furioso para o grupo pelo qual tínhamos acabado de passar. Eram odiosos mesmo.

— Não vale a pena — argumentei encostando no braço dela, arrependido de ter contado e tentando evitar qualquer conflito. — Deixa pra lá. Nem sei dizer quem foi. — Não sei como, mas só de passar os olhos pelo grupo, ela descobriu.

Ela avançou em direção ao sujeito e eu fui atrás, literalmente às cegas. Quando cheguei lá, ela estava arrasando o cara:

— Por que você fez isso? Pra quê? Ele *não enxerga*.

— E eu lá sabia disso? — perguntou o moleque com sua voz de escola particular e um sotaque quase californiano. — Ei, cara — continuou ele, olhando para mim por trás de Morgan. — Qual é o seu nome?

— Ah... Jim — respondi em voz baixa. Sentia-me exausto de repente.

— Eu sou o *Mike* — retrucou ele, elevando a voz. Segurou a minha mão com firmeza e a sacudiu. — Tá tudo bem, né? Não foi nada grave, foi?

Morgan ia dizer alguma coisa, mas ele a interrompeu. — Não é com você — cortou ele, virando-se para mim. — Você tá bem, não está? — Ele ainda estava segurando a minha mão.

— Estou, só não encosta mais em mim — respondi, sem forças.

Houve uma época em que Grinch e eu — juntos ou separados — arrumávamos briga com as pessoas sem motivo algum, só para ver a reação delas. O que talvez fosse irônico, considerando como sofri com a provocação dos outros quando era criança.

Nossos alvos eram todo tipo de ativistas políticos, crentes, artistas performáticos, membros de fraternidades universitárias, punks, qualquer um. No fim, de todos eles, o único que reagiu foi um crente.

Ele foi escolhido aleatoriamente uma tarde, enquanto tentava convencer alunos da Universidade de Wisconsin a assinar uma petição "contra o comunismo". Pouco nos importávamos se ele era comunista, nazista, acrobata ou um membro respeitável da comunidade — nós detestávamos crentes e ele estava ao nosso alcance. Durante 45 minutos, seguimos o sujeito pelas ruas e vielas, onde quer que ele fosse com sua prancheta, disparando ameaças entredentes às suas costas.

— Ei — disse Grinch. — Já viu como um crente *sangra* quando você mete uma faca nele? — Era uma pergunta retórica, uma vez que nenhum de nós estava carregando uma faca.

Por fim, no meio de uma calçada estreita e vazia, o crente desistiu de escapar. Parou bruscamente, lançou a prancheta no chão, girou nos calcanhares e veio correndo furioso em nossa direção, agitando os braços em gestos bizarros de kung-fu. Confesso que cheguei a admirá-lo por isso. Ele nos deu certo cansaço até encarnar o Bruce Lee, mas acabou reagindo no final.

O crente foi o único, o que nos deixava bastante frustrados.

Agora, eu virara a síntese dessas pessoas com as quais implicávamos e que jamais reagiam. Era como voltar à escola primária. Eu me tornara um covarde, um frouxo, impotente e inútil. E, para piorar, eu nem sequer tomara o partido de Morgan quando ela tentou me defender.

Assim que ele soltou a minha mão, viramos para ir embora e ouvimos a gargalhada vitoriosa do babaca e dos seus comparsas. Ela nos acompanhou até a porta e repercutiu até a calçada. Dizer que estava me sentindo mal é pouco, mas tudo o que eu queria era sumir dali. *Era um idiota, não valia a pena*, repetia para mim mesmo, em uma patética tentativa de me justificar. *Gosto demais deste bar para arrumar confusão aqui.* Mas, no fundo do meu coração, sabia que tinha fracassado, que tinha fugido. Há 15, 10, até mesmo 5 anos, eu jamais teria fugido, jamais teria deixado o cara me humilhar ou insultar minha namorada daquele jeito.

Tinha fracassado com ela, e nós dois sabíamos disso. E não era a primeira vez. Ela merecia muito mais do que ser tratada daquela maneira. Mais uma vez, eu me sentia mais babaca do que o cara que acabávamos de deixar para trás no bar.

Eu e Grinch havíamos tomado rumos diferentes há mais de 15 anos, mas ainda nos falávamos por telefone de tempos em tempos. Ele me contava sobre seus filhos e seu trabalho. Eu comentava as histórias que estava ou **não** escrevendo ou o atualizava a respeito das minhas mazelas físicas mais recentes. Sua voz ainda guardava certo tom pilhado, como se o seu corpo tivesse passado a produzir metanfetamina por conta própria.

Muita água passara por debaixo da ponte desde nossos dias em Madison. Eu havia sobrevivido a alas psiquiátricas e hospitais. Enchera a cara. Afundara-me na pobreza e saíra dela. Bebera ainda mais. Escrevera histórias sobre as coisas que havia feito e as que estava fazendo. Começara a ter ataques. Casara e divorciara. Perdera a visão. Escrevera mais histórias sobre o assunto. Trabalhara atendendo telefones. Me apaixonara por Morgan. Fechara alguns contratos para publicar meus livros. E agora, subitamente, estava apavorado, com medo de ter ficado frouxo.

Grinch também passara por várias mudanças. Depois de ter se mudado algumas vezes, voltara a Chicago, sua cidade natal, e se casara com uma mulher dotada de um senso de humor provocante que, por acaso, também era uma executiva muito bem-sucedida. Tiveram dois filhos e ele arrumara um emprego bem pago no setor vinícola. Compraram um apartamento grande, arrumaram um cachorro e dois carros e estavam muito bem de vida.

Uma noite, algumas semanas após o incidente no bar (que nunca comentei com ele), nos falamos ao telefone. Relembramos velhas histórias, como de costume, e tudo ia bem. Mas então ele começou a me dizer como estava se divertindo ultimamente ocupando um posto gerencial, maltratando seus empregados, que só ganhavam um salário mínimo. Ao ouvir aquilo, não pude conter minhas recentes frustrações.

— Que merda, Grinch — reclamei. — Você se tornou tudo o que tentamos destruir em Madison. — Eu próprio estava falando como um hippie de Madison, daqueles que pregam que tudo era muito melhor na década de 60. — Você virou um *Dim*,* porra.

— Ah, é? — retrucou ele, rápido no gatilho. — Pelo menos não sou um *alcoólatra* divorciado de 34 anos.

Eu ri, embora a brincadeira tivesse me atingido em cheio. Sabia que era uma referência a uma velha música punk, mas também sabia que não deixava de ser verdade.

Quando desliguei o telefone, estava bêbaço, num estado lamentável. Mal conseguia me levantar. Respirava com dificuldade, por causa da fumaça que havia engolido. Como de costume, tinha que acordar às cinco da manhã no dia seguinte para trabalhar, mas dormir era a minha última preocupação naquele momento.

Fui me arrastando até a pia da cozinha, atrás da garrafa de uísque. Servi uma dose. Depois mais outra.

Antes de capitular sem forças na cama, coloquei um velho disco do Killdozer para tocar. Não sei exatamente por quê. Estava muito tarde para punk-rock e talvez acordasse os vizinhos, mas precisava ouvir aquela banda. Lá pelo meio do disco, o vocalista estava rosnando mais uma história triste, alta e excruciante de desgosto, traição e fracasso. Quando veio o refrão, pela primeira vez ele bateu forte no meu peito, mesmo já tendo ouvido a música umas 100 vezes antes: *"Decidi que para mim já chega, /porque estou de saco cheio de viver como se não existisse."*

Finalmente fui me deitar naquela noite, após repetir a música três ou quatro vezes, mas sem me sentir melhor.

---

* Referência a Dim, personagem do livro *Laranja mecânica*, de Anthony Burgess, adaptado para o cinema por Stanley Kubrick. Na trama, Dim é um dos companheiros da gangue do personagem principal, que acaba ressentido pela liderança dele e o traindo. No final da história, vira um policial. (N.T.)

Na manhã seguinte, a caminho do trabalho, passei pelo que parecia ser uma pilha de roupas para doar apinhadas na porta de uma igreja na Rua 23. Olhei de relance, sem dar muita atenção, e segui meu caminho. Não havia nada de incomum em algo assim naquele trecho da 23 — a igreja oferecia sopa para os pobres, e o Exército da Salvação ficava naquela rua. As pessoas estavam sempre deixando sacos de roupas na calçada.

De repente, a pilha de roupa gritou para mim.

— Você aí! Conlicem!

Parei e virei para trás, tentando decifrar o que acabara de ouvir — e confirmar se realmente tinha ouvido.

— O quê? — perguntei. Foi então que vi um rostinho minúsculo e esquálido no topo da pilha.

— Eu *disse*: "Você aí. Com licença, poderia dar um cigarrinho para uma velha?"

Ela foi tão educada que não pude recusar. Quando retirei um cigarro do maço e passei para ela, a mulher ergueu os olhos e examinou o meu rosto.

— Oh — disse ela. — Vejo que você também está chorando.

Passei o dedo no rosto. Ela estava certa. E eu nem tinha percebido.

CAPÍTULO 9

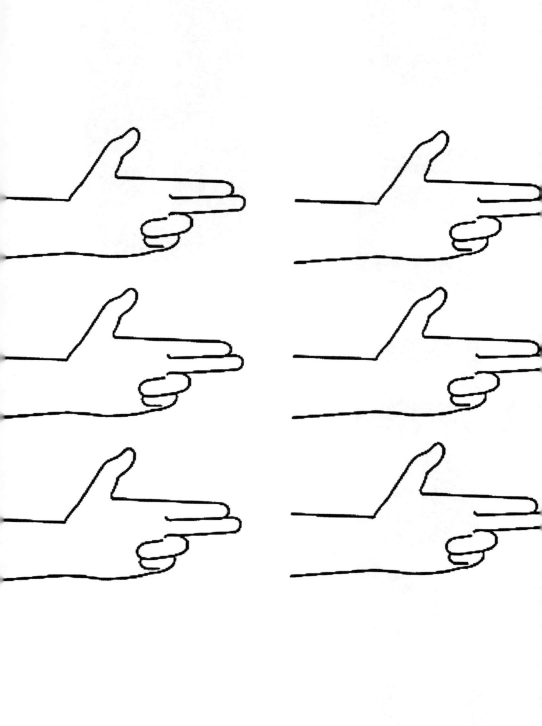

s vezes eu sentia saudade do caos dos anos loucos, ébrios — a bebedeira descontrolada, a aventura, a destruição gratuita, as brigas, os vidros quebrados, a poluição sonora e visual. Preferia não me lembrar de como aquela época tinha sido péssima: todas as vezes em que vomitei no metrô, a inútil e lamentável mendicância por dinheiro de aluguel e comida, a noite em que coloquei fogo no meu apartamento (*após* ter vomitado em mim mesmo no metrô), a interminável torrente de humilhações e sofrimento que me assolava.

Para que algo acontecesse, sabia que tinha que me erguer, sair, ir para algum lugar, fazer alguma coisa. Eu precisava fazer acontecer. Mas aí me lembrava de como andava a minha visão e como ela — pelo menos na minha cabeça — estava me impedindo de fazer qualquer coisa. É difícil sair por aí sem rumo, sabendo, no fundo, que você vai dar com a cara numa parede, numa lata de lixo ou num carro estacionado a qualquer minuto.

Quando você depara com uma condição médica grave — como ficar cego, por exemplo —, há uma mudança dramática em suas prioridades. Por algum motivo, a derrocada da civilização ocidental não lhe parece mais tão importante quanto ir e voltar do mercado sem maiores danos.

Minha situação não só me impedia de reviver os dias niilistas da juventude — ela também me impedia de ser um bom jornalista. Pelo menos o tipo de jornalista que eu queria ser: Carl Kolchak.

Quando eu era garoto, quis ser várias coisas. Ictiólogo, sismólogo, físico teórico. Em todos os casos, esses objetivos profissionais foram determinados por um filme em particular (os filmes me forneciam quase todas as respostas de que eu precisava na vida). O lado que queria ser jornalista surgiu da minha obsessão por uma série de tevê que durou pouco (1974-75) chamada *Kolchak: The Night Stalker.*

Carl Kolchak (interpretado pelo grande Darren McGavin) fazia um repórter amarfanhado e frustrado que trabalhava num jornal de quinta em Chicago. Toda semana ele encontrava por acaso indícios de que a cidade estava sendo invadida por monstros — vampiros, motociclistas sem cabeça, homens-lagarto, zumbis.

Ele passava todos os episódios brigando com seu editor frustrado (o também genial Simon Oakland) e tentando reunir as provas necessárias, publicar sua matéria e aniquilar os monstros ao mesmo tempo.

Era incrível.

Devido ao meu problema de visão, minhas perspectivas de sair caçando monstros por Manhattan eram bastante limitadas. Eu tenho dificuldade para enxergar ônibus, que dirá vampiros. Desse modo, não trocava socos com a última reencarnação de Jack, o Estripador, não perseguia homens-lagarto nos esgotos e todos os motoqueiros que eu via na porta da sede dos Hell's Angels tinham cabeça. As matérias que eu fazia eram um pouco mais inofensivas do que isso e, na maioria das vezes, realizadas por telefone.

Um dia, a caminho do trabalho, estava tentando descobrir a melhor maneira de abordar o tema daquela semana — uma entrevista com o último vencedor do prêmio "Caça-Ratos do Ano", concedido sempre no mês de julho em Nova York ao melhor exterminador da cidade.

Quando estava prestes a passar pela catraca na estação de metrô, uma colegial cruzou comigo de saída.

— Você é *feio* — disse entredentes. — E pode contar pra sua *mamãe* que eu falei isso.

— Ok, ok, ok — respondi esgotado. Era cedo demais para esquentar minha cabeça. Eu sabia que não era nenhum modelo e abordagens desse tipo já não me surpreendiam, mas mesmo assim, *meu Deus!* Torci para não ser um presságio para o resto do dia.

Às dez da manhã, contrariando meu bom-senso, verifiquei meu gravador, acendi um cigarro, peguei o telefone e disquei o número que haviam me passado como sendo do Caça-Ratos do Ano. Quando ele atendeu e eu confirmei que era ele mesmo, botei a fita para rodar. Após algumas perguntas básicas, perguntei se ele podia me contar alguns dos seus serviços mais peculiares. Ele pareceu disposto a compartilhar algumas histórias.

— Certa vez as pessoas num escritório estavam se queixando de estar sendo mordidas — relembrou o vencedor do ano. A maioria dos exterminadores que você encontra por aí não parece tão entusiasmada com seu trabalho, mas aquele sujeito era. Ele também era bem mais articulado que os outros. — Instalamos alguns monitores e encontramos um percevejo. Ora, era muito estranho encontrar um percevejo no ambiente de trabalho, sabe? Especialmente um tão limpo.

— Posso imaginar.

— Acaba que, quando fomos fazer uma investigação mais minuciosa, o gerente nos disse que desconfiava que determinado funcionário tivesse sido o responsável. Pedi que me levasse até a baia do funcionário em questão. E logo deu para perceber nas fendas vários estágios de percevejos. Acontece que ele tinha um cabideiro de madeira, onde pendurava seu paletó. Dava até mesmo para ver os bichos na costura da roupa. Então conseguimos determinar com certeza que aquele era o foco de origem.

Minha pele começou a coçar enquanto ele contava a história, mas fiquei quieto. Já tive problemas sérios com insetos no meu apartamento, mas agora que não conseguia mais enxergá-los, eles haviam deixado de me incomodar. Só que ouvir falar em insetos era outra história.

— Nossa primeira iniciativa foi aspirar o máximo de insetos possível. Em seguida, fizemos uma aplicação para tentar eliminar os que ainda podiam ter ficado no local. Mas o principal foi que o gerente, munido do nosso relatório identificando que aquela baia em particular era o foco do problema, pôde abordar o funcionário e ele teve de admitir que estava, de fato, tendo problemas com percevejos na sua casa.

Então tá.

— Aí — continuou o Caça-Ratos —, eles pediram para um dos nossos entomologistas dar uma olhada e avaliar a extensão do problema. Nosso entomologista veterano foi até lá e disse que era provável que houvesse *milhares* de percevejos no pequeno apartamento do sujeito. Todas as fendas e fissuras, toda a mobília estavam infestadas de percevejos. Ele abriu o armário onde o homem guardava seus ternos e levantou as lapelas de todos os paletós. Debaixo de todas havia de 50 a 100 dessas criaturinhas.

Deixei de lado a minha sutileza e comecei a me coçar abertamente em minha mesa. Os tornozelos, as mãos, a nuca. — Imagino que algo assim pode arruinar o dia de qualquer um — comentei.

— Bem, o que eu me pergunto é: como se pode ter tantos parasitas em um apartamento sem que ninguém reclame de ser mordido à noite? Foi então que descobrimos que ele tinha um problema sério de alcoolismo. Bebia até cair e não sentia nada.

Humm, acho que sei do que o senhor está falando, pensei.

— Sairia uma nota preta tentar erradicar aquela quantidade de insetos — continuou ele. — Acho que, logo depois disso, eles dispensaram o funcionário. Era a solução mais fácil; caso contrário, ele continuaria a trazer aqueles bichos e expor seus colegas... Foi uma situação estranha, algo que não acontece com frequência.

— Espero que não.

Ele continuou contando histórias sobre exércitos de baratas e formigas e suas batalhas para passar a perna nos ratos mais espertos do mundo.

— Há anos que trabalho com isso e, vou te dizer, você se depara com uma situação inédita praticamente todo mês. É uma peculiaridade atrás da outra.

— Estou começando a sentir isso na pele — respondi.

Depois que desliguei o telefone, senti que precisava dar uma caminhada. Uma bebida também cairia bem. As histórias daquele sujeito, ainda que ele as tivesse relatado com entusiasmo, haviam me afetado de maneira muito profunda e perturbadora. Como a história do coelho que meus pais tinham me contado.

No fundo, sabia que não havia sido somente o relato do Caça-Ratos que me deixara formigando, agoniado. Era um acúmulo de várias coisas. O episódio no Ray's, a alfinetada de Grinch — até mesmo o barulho no escritório e a vadia maldosa no metrô. E outras tantas frustrações insignificantes, banais. Eu tentava ignorar tudo, mas era poeira demais para esconder debaixo do tapete e aquilo estava me matando. Cada vez mais, tinha dificuldade de me concentrar em alguma coisa. Estava puto comigo e com o mundo. Às vezes, o acontecimento mais banal era capaz de me lançar nesse estado de espírito.

Peguei o elevador no décimo quarto andar e saí pela rua, ainda irritado, inquieto e mancando por causa do calombo no tornozelo. Peguei a direção sul, de cabeça baixa, olhos turvos, o estômago revirado enquanto esbravejava em silêncio (acho eu) com as pessoas e as máquinas. Tentei permanecer na Sétima Avenida porque ela era larga e desobstruída, mais fácil de transitar sem a bengala, desde que o dia estivesse ensolarado. Eu não estava no clima para a bengala. Quando cheguei à Rua 23, dobrei à esquerda. A 23 também era larga e desobstruída. Havia muita gente à minha volta, mas estavam bem espalhadas e eu conseguia desviar de suas silhuetas indistintas sem dificuldade.

Passei direto pela minha estação de metrô habitual, segui rumo ao sul pela Sexta Avenida e continuei andando. Só sabia que precisava continuar andando. Costumava ajudar. Na Sexta Avenida, as calçadas estreitavam consideravelmente, mas as pessoas seguiam reto e as coisas fluíam bem.

Podia sentir a agonia e a frustração evaporando a cada quarteirão que vencia, como eu já imaginava, até alcançar a Rua 19.

Foi lá que me vi forçado a diminuir bruscamente o passo por causa de um sujeito que andava se arrastando na minha frente. No entanto, aquilo não me irritou, como de costume — ele tinha todos os motivos para estar andando devagar. Arrastava o pé esquerdo, mancava gravemente, andava com a cabeça pendurada para o lado e tinha os braços enroscados à sua frente como um esquilo.

Ai, meu Deus!

Então, após alguns passos — cara, eu sabia —, o pé esquerdo dele ficou agarrado em um saco plástico. Ele não alterou o passo. Continuou se arrastando penosamente e, a cada passada, enterrava ainda mais o saco no pé — *shhk-klomp, shhk-klomp, shhk-klomp*.

Uma parte de mim estava fascinada pelo potencial cômico da situação (e se ele tropeçasse na mangueira de jardim enrolada ali na frente? Ou no balde?), enquanto outra parte queria ajudá-lo a tirar aquela porcaria do pé. Mas o que fazer? Se tentasse pisar no saco por trás, na esperança de que ele se soltasse, havia uma grande chance de ele se estatelar na calçada e ainda acabar quebrando os braços.

E se lhe desse um tapinha camarada nas costas? Ou pedisse para ele parar um instante? Hein? Jesus, o que fazer?

Durante todo esse tempo, lá ia ele, avançando com dificuldade, *shhk-klomp*, ou sem perceber o saco agarrado no pé ou completamente humilhado, sabendo que não tinha condição de fazer algo a respeito.

Por fim, fiz o que qualquer um faria diante daquele dilema — amarelei, desviei o olhar e tentei ultrapassá-lo na primeira oportunidade.

O que não foi nada fácil, devido aos pedestres vindo na minha direção, minha própria falta de coordenação e dificuldade para calcular a profundidade. Mesmo assim, fiz uma tentativa. Tudo ia bem até finalmente ficar lado a lado com ele. Foi só então que percebi que em sua mão esquerda retorcida e aleijada estava uma bengala vermelha e branca, igualzinha à que eu trazia dobrada na bolsa.

Ah, não, ele também é cego? Isso não vai ter fim?

No auge da covardia, apressei o passo, ouvindo o *shhk-klomp* ficando cada vez mais distante, até ser finalmente engolido pelo barulho do tráfego e dos outros pedestres.

Na Rua 16, parei no sinal vermelho.

Fiquei lá torcendo para que ele mudasse logo de cor, para que eu pudesse me mandar dali e encontrar um lugar para esquecer minha covardia. Então, ouvi novamente. Cada vez mais alto. Cada vez mais perto:

Shhk-klomp, shhk-klomp...

Ai, caralho!

O sinal não abria. Logo, o som estava bem próximo. O homem estava parado atrás de mim.

Então ouvi uma voz fraca e abafada perguntar: — *Alguém pode me ajudar?*

As pessoas à nossa volta na esquina, como era de esperar, dispersaram-se na mesma hora, deixando-nos a sós.

Eu já estava experimentando a recém-descoberta sensação de "remorso", então me aproximei e ofereci o braço.

— Apoie-se em mim — disse. Assim que ele se firmou, pisei no saco plástico e pedi: — Agora, levante seu pé esquerdo.

Quando ele levantou o pé, o saco continuou enroscado no tornozelo e ele se desequilibrou para trás, gritando:

— *Aaannnhh! O que é isso?*

Ô, Deus.

— *Ahhhhnnnhh!*

A sorte é que, com todo aquele chilique, ele conseguiu se livrar do saco. Eu o ajudei, como pude, a recuperar o equilíbrio.

— Era só um saco plástico — expliquei. — Já saiu.

Ele começou a se acalmar e o sinal abriu. — O sinal abriu — disse. — Vamos lá.

Fomos atravessando a rua juntos. Na metade do caminho, ele disse em voz baixa: — Obrigado por me ajudar.

— De nada. O senhor consegue se virar depois que chegarmos do outro lado?

Ele grunhiu alguma coisa que tomei como uma confirmação.

Já na calçada, parei e ele soltou o meu braço, apoiando-se na bengala.

— Bem, vá com cuidado — disse eu, acenando inutilmente. Ao mesmo tempo, estava pensando: *Sabe, eu não tenho muito do que reclamar.*

Deus sabe que, ao longo dos anos, com todas as coisas que fiz, contraí altas dívidas cármicas que um dia teriam que ser pagas. Não que eu acredite em carma, não a sério, mas volta e meia penso nessas coisas. E, embora esse episódio não tenha limpado totalmente minha ficha, deve ter me ajudado a ganhar uns pontos. Pelo menos por pensar duas vezes se deveria passar direto sem parar para ajudar o homem a se livrar do saco plástico.

No entanto, já era alguma coisa.

Decidi adiar a bebida para mais tarde. Peguei o caminho de volta para o escritório e acendi um cigarro. Havia uma delicatéssen a um quarteirão do trabalho. Parei por lá e comprei um sanduíche de presunto e um refrigerante, depois voltei para minha mesa.

Abri o refrigerante, tomei os comprimidos da tarde, comecei a comer e estava vasculhando os canais de notícias em busca de algo quando o telefone tocou.

— Fala, doutor — disse a voz do outro lado. Era o meu editor, sr. Strausbaugh, cujo escritório ficava a duas portas no corredor.

— Diga lá — respondi.

— Sabe aquela entrevista com o Squiggy que você entregou?

— Claro, eu que escrevi. — Há duas semanas, tinha entrevistado David Lander, o sujeito que interpretara Squiggy em *Laverne and Shirley*. Eu esperava que a entrevista fosse publicada com destaque.

— Bem, não vamos aproveitá-la.

Senti meu humor se alterando novamente.

— E posso saber por quê? Era uma puta entrevista, o cara estava escondendo que sofria de esclerose múltipla há mais de dez anos e agora finalmente resolveu vir a público falar sobre o assunto. É uma ótima matéria. Além disso, ele fala mal de Richard Fleischer e conta histórias hilárias sobre o *On the Air...*

— Doutor, não vai rolar.

— Por quê? — Eu ainda exigia saber o motivo.

— Por quê? Porque ninguém está interessado no que Squiggy tem a dizer.

Era um refrão que eu estava ouvindo cada vez com mais frequência, com "Squiggy" sendo substituído por uma variedade de nomes, de Ned Beatty ao cara que dirigiu *A Montanha dos Canibais*. Eu já devia estar acostumado, mas não estava.

— Mas — supliquei desesperado — é *Squiggy*!

A tarde não melhorou muito depois daquilo. Tentei transcrever a entrevista com o Caça-Ratos, mas fiquei agoniado só de ouvir aquelas histórias de novo. E, para completar, a garotada que dividia o escritório comigo estava caprichando no barulho e na bagunça. Era sempre assim na parte da tarde, as brincadeiras de um pegar na bunda do outro e os debates filosóficos dos anos de calouro. Mesmo que quisesse terminar de transcrever a entrevista, o tumulto crescente teria tornado a façanha impossível. Em vez disso, voltei para os canais de notícias, caçando alguma história nova e interessante de depravação humana.

No fim do dia, meu corpo estava todo dormente, com exceção da perna esquerda, que, por causa do problema no tornozelo, sempre ameaçava falhar sob meu peso. Lastimando muito, liguei para

Morgan e expliquei que achava melhor cancelar nosso encontro no bar naquela noite e voltar direto para casa.

Um pouco antes das cinco, saí capengando do escritório e capenguei pela rua até entrar no metrô. Pelo menos, não tinha mais que arrastar aquele pesado malote postal comigo.

Para minha surpresa, encontrei um lugar para sentar e saquei minha lente de aumento da bolsa, junto com a edição em letras ampliadas (ainda que não o bastante para mim) do primeiro romance de Samuel Beckett. Depois de um dia como aquele, só mesmo Beckett. Mesmo debruçado sobre a página, com as letras ampliadas e a lente de aumento, o único fragmento que consegui decifrar foi: "... o sono do mais puro terror. Compare o gambá". Aquilo me soou incrivelmente profundo na ocasião e anotei mentalmente para não me esquecer. Desisti de tentar continuar lendo para tentar descobrir que diabos o sr. Beckett quis dizer com aquilo e guardei tudo na bolsa. Recostei na cadeira e fiquei quieto, sentindo os olhos turvos, doloridos e imprestáveis, assim como eu.

Não sei em que estação eles embarcaram. Deve ter sido numa das ruins. Na verdade, não importa. Assim que ouvi um burburinho e algumas vozes no fim do trem, soube que estava perdido.

Não era a sinistra banda dos *mariachi* daquela vez, embora estivesse esperando por eles. Eram seus substitutos no universo do simbolismo barato.

Em vez de ser abençoado pela aparição de um coro grego sob a forma da banda dos *mariachi*, fui amaldiçoado por um quarteto gospel. É o último tipo de gente que você quer ver na sua frente quando tudo que quer fazer é chorar de cansaço e frustração. Para piorar as coisas, ao contrário dos *mariachi*, eu conseguia entender o que eles estavam cantando.

— Ai, meu Deus do céu — resmunguei em voz alta, enquanto eles vinham pelo corredor na minha direção, com suas vozes animadas, entusiastas e repletas de um amigável fervor religioso. Todos ao meu redor pareciam contentes em vê-los — alguns passageiros exibiam sorrisos escancarados e balançavam a cabeça acompanhando a música, enquanto catavam moedas nos bolsos e nas bolsas.

O quarteto engatou sua versão de "This Little Light of Mine". Desde criança, na escola dominical, eu detestava aquela música, que me deprimia e me deixava atormentado com imagens de fogo. Naquela noite, o quarteto contribuiu para torná-la ainda mais odiosa ao mudar a letra.

Foi Deus quem te colocou de pé esta manhã!, cantavam num júbilo histérico, como se aquilo fosse uma coisa boa. *Eu vou deixar brilhar!*

— Bem — resmunguei novamente, sem me importar se alguém podia me ouvir ou o que poderiam pensar. — Pelo menos agora sei em quem colocar a culpa por tudo.

Desfilaram por mim até o final do trem, sorrindo, cantando e recolhendo mais trocados do que eu já tinha visto um grupo recolher no metrô em uma única apresentação. Enquanto isso, meu cansaço se agravava e meu mau humor passava do cinza para o breu total.

Chegada a minha estação, desci cambaleante, me arrastei escadaria acima, acendi um cigarro e capenguei a passos lentos até em casa.

Caminhando dolorosamente pela rua, fui acalentando uma ira exausta e contida, doido para jantar e ir para a cama, rezando para finalmente conseguir dormir. Foi então que passei por uma enorme caixa de geladeira de papelão. Estava largada, sozinha, no meio da calçada, como o monólito do filme *2001 – Uma Odisseia no Espaço*. Eu não sabia por que estava lá — embora arriscasse o palpite de que algum morador dos prédios vizinhos tivesse acabado de comprar uma geladeira.

Parei por um momento e apertei os olhos, tentando enxergar melhor. Aquilo estava me despertando alguma lembrança, dava para sentir. Mas ainda não sabia exatamente o quê. *Será que eu devia arrumar um fêmur?*, pensei. *É isso?* A memória é uma fera cheia de caprichos.

Contornei a caixa, que era uns bons 15 centímetros mais alta do que eu, e retomei meu caminho.

A cada passo, sabia que estava mais perto da lembrança que a caixa tentava trazer à tona. Eu costumava brincar com caixas quando criança, mas não era isso. Eu fingia que eram tanques, submarinos e navios de guerra no porão escuro e infestado de fantasmas da nossa casa de dois andares em Green Bay.

Mas não tinha nada a ver com a casa. Tinha a ver com uma sala de aula. E umas batidinhas. E uma algazarra de vozes infantis, rindo. Escuridão e medo.

Ao dobrar a esquina, matei a charada.

Terceira série. Escola Primária Webster. Aula da sra. Hackmuller. *Hackmuller*. Que nomezinho mais escroto! Mas combinava bem com ela.

Num belo dia, ela decidiu, por motivos que vão além da minha compreensão, que cabia à nossa turma organizar uma quermesse para os alunos da primeira série. As professoras sempre tendem a achar que coisas desse tipo são ideias geniais.

Haveria brincadeiras, lanches, muita diversão. Todos sairiam de lá se sentindo animados, satisfeitos e felizes por terem vivenciado um dia tão mágico.

Quando foram distribuídas as tarefas, alguns colegas ficaram encarregados das brincadeiras, outros das barraquinhas de comida. E eu fui informado de que seria... um palhaço.

Mais do que um palhaço idiota e afetado (o tipo que mais me apavorava) — eu encarnaria um palhaço numa caixa de surpresas. Eu não fazia ideia do que ela estava falando. A mulher era insana.

A ideia era a seguinte: ela arrumara uma fantasia de palhaço. Também arrumara uma caixa de geladeira. Bastava enfiar a fantasia num moleque, enfiar o moleque na caixa de geladeira, fazer o pobre coitado pular de dentro da caixa e, *voilà* — diversão instantânea e garantida.

Ela escolheu três alunos. Mike Ruppert (que seria executado a tiros de espingarda pelo irmão aos 18 anos), Greg Alpman (um perfeito débil mental) e eu (o esquelético que mal acreditava que estava prestes a sofrer toda aquela humilhação).

A sala de aula fora decorada com enfeites de fita coloridos, cartazes e balões. Tiraram as carteiras do caminho, arrumaram as mesas e prepararam as brincadeiras.

A quermesse estava marcada para começar às três, quando terminavam as aulas, e durar até às cinco e meia. Cada "Palhacinho Surpresa" atuaria por 45 minutos. Saltar da caixa. Voltar para a caixa. Saltar da caixa. Voltar para a caixa. E por aí em diante.

Mike seria o primeiro, depois Greg, e eu por último. Achei bom. Imaginei que, após uma hora e meia, a coisa não teria mais graça e ninguém mais estaria sequer prestando atenção.

O que achei mais deprimente na época foi constatar que a caixa de geladeira não fora sequer disfarçada. Era uma daquelas caixas de papelão com a marca impressa do lado, junto com as especificações do produto. Passaram um hidrocor vermelho por cima, mas não adiantou grande coisa.

Enquanto aguardava minha vez, perambulei pela sala, em meio às crianças felizes e aos adultos pacientes, indo de vez em quando dar uma olhada na técnica de Mike e Greg. Eles pareciam estar se divertindo. Pulavam para fora da caixa, para o deleite das crianças sentadas no chão à sua volta, faziam caretas, vozes engraçadas, o diabo. De vez em quando, a sra. Hackmuller aparecia e fazia perguntas em voz alta pela lateral da caixa, enquanto Mike ou Greg estavam agachados lá dentro no escuro, esperando o momento ideal para reaparecerem, surpreendendo todo mundo.

Até que chegou a minha vez. Greg tirou a fantasia de palhaço (que, àquela altura, estava ensopada com o suor dos dois), passou-a para mim e me vesti.

Ficou boiando no meu corpo como uma cortina de box molhada, deixando-me mais despido do que coberto. Greg inclinou a caixa para o lado e eu me arrastei para dentro. Depois, ele a levantou novamente.

Não houve nenhum tipo de ensaio para aquilo. A caixa que vi na calçada era uns 15 centímetros mais alta do que sou agora. Quando eu tinha oito anos, uma caixa do mesmo tamanho devia ter praticamente o dobro da minha altura (fui uma criança baixinha). Então, ao passo que Mike e Greg — ambos mais para altos do que baixos — metiam a cara para fora com a maior facilidade, como se espera de um Palhacinho Surpresa, descobri que o máximo que eu conseguia fazer era esticar a mão para fora da caixa e acenar.

A não ser que você esteja apresentando um teatro de marionetes, isso não serve para nada, então fiz o que estava ao meu alcance — e que, na minha opinião, era de fato a melhor coisa a fazer.

Fiquei sentado no escuro, encolhido no fundo da caixa, sem mexer um músculo, sem divertir ninguém, durante 40 minutos, até a hora de ir para casa. Depois dos primeiros dez minutos de silêncio, a sra. Hackmuller bateu na lateral da caixa, me chamando, pedindo para eu sair e dar um alô para a criançada — ela chegou a abrir as tampas e enfiar a cara lá dentro, fazendo uma leve ameaça entredentes —, mas eu me fiz de morto. Nada feito. Fiquei sentado lá e pronto.

Ao me lembrar desse dia, pude entendê-lo perfeitamente, essa busca por isolamento. É algo que faço desde muito jovem e tenho feito cada vez mais.

Apesar de tudo, apesar de as coisas estarem funcionando melhor do que nunca para mim, de eu estar me sentindo mais tranquilo e confortável (a despeito daquele dia específico), descobri que cada vez me interessava menos em conversar com as pessoas. Eu sentia um frio na barriga sempre que avistava algum conhecido na rua ou em um bar. Havia algumas exceções, é claro, como Morgan e meus pais, mas, em geral, eu simplesmente não queria mais interagir com ninguém. Percebi que até mesmo ligações telefônicas me deixavam exausto e, após cinco ou dez minutos, minha mente divagava e eu torcia para poder desligar logo. A timidez paralisante da minha infância parecia estar retornando.

Por causa dos livros, e por minha foto ter aparecido aqui e ali, mais gente estava me parando na rua, no metrô, nos bares. Em sua maioria, eram pessoas extraordinariamente simpáticas e cordiais, que só queriam dizer algumas palavras e pronto. Mas, mesmo assim, me deixavam muito tenso. Não era culpa delas. De certa maneira, é óbvio, eu ficava feliz de saber que as pessoas gostavam do meu trabalho. Não queria parecer grosseiro, nem agir como um babaca quando esse tipo de coisa acontecia, mas receio ter dado essa impressão algumas vezes, porque tudo o que eu queria fazer era sumir.

E não era só com desconhecidos na rua. Acontecia com velhos amigos e colegas de trabalho — pessoas que eu respeitava e com quem havia compartilhado bons momentos. Tinha medo de alguma coisa que não conseguia especificar. Em geral, estava tranquilo e feliz, ok — mas também apavorado. As pessoas continuavam a me fascinar — as coisas que faziam e diziam —, mas eu preferia observá-las a distância. Acho que esta é uma das tantas contradições que todos nós carregamos conosco.

Quando finalmente cheguei ao meu apartamento naquela noite, não estava me sentindo muito melhor. Abri a primeira das inúmeras cervejas da noite. Bebi muito, mas estava longe de ser o bastante.

Às quatro da manhã, meu gordo e alegre gato retardado começou a dar cabeçadas na janela, enquanto a pequena gata do mal enfiou uma de suas patinhas brancas na minha boca aberta de ronco, colocou as garras para fora e arranhou minha língua com todo vigor. Eu já sabia que as coisas não estavam lá muito boas para o meu lado. Devia ter ficado com a boca fechada quando o quarteto gospel entoou aquela maldita musiquinha.

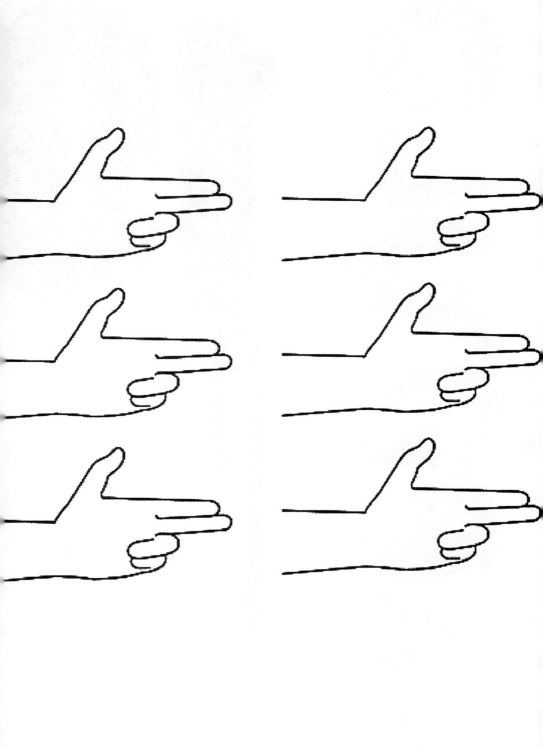

Além da língua recém-cortada, parecia que boa parte do meu corpo estava sendo tomada por tumores estranhos de todos os tipos. Um ano após ter removido clinicamente do tornozelo esquerdo um cisto do tamanho de um globo ocular, ele reaparecera quase tão grande quanto antes. O caroço no meu calcanhar esquerdo — menor, do tamanho de uma ervilha — ainda me fazia mancar. Então, outro caroço surgiu atrás da minha orelha esquerda. Podia ser um nódulo linfático — estava no lugar certo —, mas preferi acreditar que não passava de um pelo encravado. Duas semanas depois, o caroço atrás da orelha parecia estar diminuindo de tamanho. Ou, pelo menos, de largura.

Então algo surgiu no lado esquerdo do meu nariz. Outra espécie de cisto pustulento, bem no cavalete do nariz, mas não tão grande quanto o do tornozelo. E outro começou a aparecer e desaparecer com certa regularidade no meu cóccix.

Meu relógio também deu para parar de funcionar.

Após um breve inventário, percebi que todos os cistos e pústulas estavam surgindo apenas no lado esquerdo do meu corpo. O lado direito permanecia normal, relativamente intocado. Pálido e doentio, mas pelo menos não estava coberto de caroços, grotesco e infestado de tumores e lesões pavorosas.

Até o relógio enguiçado ficava no meu pulso esquerdo.

Foi então que meu oftalmologista disse que uma catarata estava se desenvolvendo lentamente no meu olho direito, turvando o resto de visão que me restava nele. O olho direito sempre foi o mais forte, o que tornou a notícia especialmente infeliz. O mais engraçado era que essa catarata não tinha relação alguma (médica, pelo menos) com o meu problema nos olhos.

Não estou falando estas coisas apenas para atualizá-los da minha contínua degeneração física ou para chorar as mágoas. Não, havia algo estranho acontecendo.

Morgan foi a primeira a sugerir uma explicação com base no lado direito e esquerdo do cérebro. Ela cogitou que talvez fosse o resultado de uma batalha inconsciente entre os hemisférios cerebrais, o esquerdo e lógico, que controla o lado direito do corpo, e o direito e criativo, que controla o esquerdo. Ou vice-versa. Nunca consegui decorar isso.

Embora ela tivesse falado isso brincando, aderi de bom grado à teoria. Fazia sentido. Meu cérebro estava se sentindo estéril, esgotado, vazio. Gasto. Usado até o fim e assolado por remorsos. Entorpecido.

Talvez meus tumores fossem causados pela frustração e o desespero do lado direito do meu cérebro. Como no filme *Os Filhos do Medo*, de David Cronenberg, no qual a fúria de Samantha Eggar é de início expressada por uma miríade de erupções horrendas na pele e, mais tarde, por um bando de anões assassinos.

Não era só o lado direito e criativo transformando o lado esquerdo do meu corpo em uma espécie de escultura modernista. O hemisfério lógico também estava me deixando na mão. Desligava quando eu mais precisava ou me instigava a falar as piores coisas possíveis nos piores momentos.

Era como se meu cérebro estivesse me fodendo de propósito.

A ideia de que eu continuava a ser perseguido por demônios, assombrado por Espíritos do Mal, ressurgiu — nem que fosse apenas como uma metáfora. Antigamente, eu os culpava por tudo, desde acidentes banais a deslizes, ataques sem sentido meus e de terceiros, tentativas de suicídio. Eu sabia que havia algo além do que os médicos débeis mentais rotulavam de "transtorno de personalidade múltipla".

Estariam esses espíritos e demônios, agora acampados nos hemisférios do meu cérebro, lutando por supremacia? Ou teriam unido suas forças, como nas histórias em quadrinhos ou naqueles espetáculos de luta livre, para me derrubar de qualquer jeito?

Usurpando outra metáfora de Freud, só pude especular que meu *id* e meu superego deviam estar metendo a porrada um no outro, sem um ego no meio para atuar como árbitro. O que até faz sentido, se concebermos o ego como algo semelhante a "alma". Afinal, eu já estava convencido de que a minha tinha se mandado há muito tempo. Ou, no mínimo, perdido boa parte da sua disposição.

Passei anos discorrendo e fazendo piada sobre minha ingrata condição de desalmado (que, consequentemente, me deixava suscetível às investidas demoníacas), mas teria ela afinal se manifestado de verdade? Será que minha alma havia morrido e eu nem tinha notado?

Muita gente pode se descobrir na mesma enrascada, basta parar pra pensar seriamente no assunto.

Temos empregos desestimulantes, almoçamos no mesmo lugar todos os dias, ouvimos sempre as mesmas estações de rádio, assistimos aos mesmos programas de televisão, fazemos o possível para ganhar mais dinheiro, evitar conflitos ou ignorar o fato de não darmos a mínima para a pessoa com a qual nos casamos. Conseguimos fazer todas essas coisas sem refletir muito sobre elas; quando muito, cultivamos lá no fundo uma vaga noção de que, talvez, as coisas pudessem ser melhores.

É uma velha história, claro. Velhíssima. Nenhuma novidade. Alguns a remontam à Revolução Industrial, outros dizem que é a condição fundamental do homem moderno, outros chamam de existencialismo. Para mim, é algo muito mais antigo. Algo que sempre fez parte da nossa essência. E, como sempre, quando você ignora essas sensações de desconforto e insatisfação, elas acabam passando com o tempo. E, quando desaparecerem, o que resta da sua alma vai embora junto. Às vezes, é preciso uma boa sacudida para nos forçar a refletir novamente.

Eu estava morando na Filadélfia e ainda era casado com Laura quando os ataques começaram. Depois que uma dúzia de médicos não conseguiu diagnosticar meu problema, cheguei à conclusão de que estava sendo vítima de possessão demoníaca — o que não me surpreendeu muito. No fundo, eu sabia que não existiam demônios soltos pelo mundo — mas eles eram uma explicação conveniente, maravilhosa. Não era de admirar que na Idade Média as pessoas achassem que os epiléticos estavam possuídos. De fato, às vezes é o que parece — espasmos vindos do nada, vozes estranhas saindo de sua boca e dizendo todas as coisas terríveis e dolorosamente honestas que você não se lembra de ter dito depois. Eu apresentava quase todos os sintomas estipulados pelo Vaticano de alguém possuído pelo demônio.

Laura era uma cientista, uma mulher extremamente racional, mas via o que se passava comigo durante os ataques e houve uma época em que até ela começou a acreditar que eu estava possuído mesmo.

Quando compartilhei a teoria com minha médica na época — nenhum dos inúmeros especialistas que ela me indicara havia mencionado a palavra "convulsão" nem sequer sugerira a possibilidade de haver uma explicação lógica para o meu problema —, ela sugeriu que talvez fosse a hora de eu procurar um analista. Mas antes seria bom consultar um neurologista. O neurologista que ela me indicou fez alguns exames e logo conseguiu detectar a lesão cerebral. Ele me deu uma breve explicação e um frasco de comprimidos.

Achei aquilo frustrante. Eu estava meio que determinado a abraçar a ideia da possessão demoníaca. Mas quem pode afirmar que a lesão cerebral não era Satã atuando de outra maneira? Talvez fosse a casa de férias de Satã. Ou então os Espíritos do Mal, que estavam me perseguindo há tanto tempo, tinham simplesmente decidido se instalar de vez, para economizar as despesas de viagem. O que teria explicado muita coisa e me concedido uma bela desculpa para praticamente tudo na vida.

Uma década após terem refutado a natureza demoníaca das convulsões, o Vaticano admitiu que os exorcismos não só continuavam sendo praticados, como o número de exorcistas empregados pelas paróquias crescera absurdamente no mundo todo. Eles também elaboraram um novo conjunto de diretrizes para os rituais de exorcismo — o primeiro desde 1614. A única diferença significativa no novo ritual é que agora os exorcistas são encorajados a consultar médicos e psiquiatras antes de aloprar com água benta.

O que faz bastante sentido. Os programas sensacionalistas de televisão da época volta e meia exibiam matérias sobre casos de possessão demoníaca e, várias vezes, as imagens da pessoa "possuída" deixavam claro, pelo menos para mim, que estava sofrendo do mesmo problema que eu e que bastaria uma simples ressonância magnética para confirmar o diagnóstico. Das duas, uma: era isso ou estavam tendo um chilique patético e mereciam uma bela surra.

Os membros do Vaticano não comentam o número real de exorcismos realizados por ano, alegando não manter registros dessas coisas. Porém, um ano após as novas regras terem sido lançadas, tornou-se público que o Papa João Paulo II havia tentado, sem sucesso, exorcizar o demônio de uma moça local de 17 anos que já estava ficando muito petulante. A matéria foi publicada no *New York Post* com a extraordinária manchete: O DIABO VENCE O PAPA.

Não muito depois de ter lido sobre esse fracasso, meus próprios acessos não demoníacos começaram a ressurgir com uma frequência e uma força que eu não experimentava há anos. Apesar de mandar goela abaixo 1.000 miligramas de Tegretol — meu remédio anticonvulsivo — todos os dias, eles estavam novamente me atacando em casa, na rua, no trabalho. Na maioria das vezes, surgiam quando eu estava sob algum estresse, mas nem sempre. Às vezes, vinham do nada. Estava se tornando uma amolação e começando a me preocupar bastante. Cheguei a tentar marcar uma consulta com meu neurologista para ver se ele podia me esclarecer alguma coisa sobre aquele recente bombardeio, só para descobrir que ele estava de férias, pescando no Camboja, e que não ia voltar tão cedo. Fiquei sem saber o que fazer durante um tempo.

O que não era nada bom. Nos últimos anos, estava me esforçando para ser mais agradável, mais calmo, mais gentil com as pessoas à minha volta. Era tudo uma questão de remorso. Eu sabia que a fúria incontrolável da minha juventude havia magoado pessoas de quem eu gostava muito, mas na época estava pouco me lixando. A fúria era mais importante do que qualquer outra coisa. Era minha fonte de energia. Sentia que o mundo era um lugar odioso e retribuía na mesma moeda, sem me preocupar com o que ou quem estivesse em meu caminho. Agira como um imbecil, sem cultivar nenhum arrependimento. Muito pelo contrário. Fazia o que queria, o que achava divertido. Era cruel, grosseiro e desagradável, porque isso se tornara minha assinatura. Para mim, as pessoas não passavam de ovelhas covardes e sem opinião própria. E eu era melhor e mais inteligente do que todos (graças a um grotesco erro de interpretação dos conceitos do *Übermensch* [Super-homem] e da Vontade de Poder, de Nietzsche) e provava minha teoria sendo um babaca monumental.

Mas agora eu estava tentando me conter. Não me arrependia do vandalismo, dos furtos, da tentativa de incêndio criminoso ou das brincadeiras de mau gosto que eu e Grinch havíamos aprontado. Tudo isso, tenho que admitir, foi muito divertido. Mas, olhando para trás, eu me sentia mal por ter magoado tanta gente que não merecia: meus pais, velhos amigos, Morgan e pessoas que tentaram ser legais comigo. Eu continuava fazendo merda, mas pelo menos agora estava tentando acertar.

Com o súbito reaparecimento das convulsões, comecei a ficar preocupado, achando que talvez o Tegretol que eu tomava estava apenas contendo minha ira, impedindo que ela se manifestasse. Meu medo era de que ela continuasse lá, fervendo sob a superfície e de que, um belo dia, viesse à tona, com consequências catastróficas.

Um ataque começou a mostrar suas garrinhas enquanto eu e Morgan estávamos numa mesa de fundo no Ray's, por volta das cinco da tarde numa quinta-feira. Estava abafado demais do lado de fora e, mesmo no ar-condicionado, o suor não secava.

Comecei a sentir a familiar queimação na base do crânio, como uma cotovelada no cérebro. Em questão de minutos, fui tomado pela inescapável gagueira sufocante. Quando ela começa, não há como voltar atrás; a coisa só tende a piorar. Só me resta rezar para não fazer nada terrível durante a crise.

Eu não suportava fazer Morgan passar por aquilo. Não era a primeira vez que ela presenciava uma crise, mas era difícil se acostumar.

Logo meu rosto se contraía em espasmos e meu corpo todo tremia, eu estava sussurrando obscenidades e cravara os dentes no dedo indicador direito. Só mais tarde fui perceber que havia perfurado a pele. A melhor coisa que posso fazer quando isso começa é ir para casa. Não vou ser boa companhia para ninguém por um tempo — e ainda poderia colocar as pessoas em perigo se as coisas realmente saíssem do controle. Eu precisava me isolar, o quanto antes. Morgan sempre insistia para ficar comigo, me ajudar de alguma forma — mas, naquele caso, eu sabia que era para o bem dela.

Consegui pegar o metrô, que, para minha sorte, não estava muito cheio. Em vez de morder as mãos, passei a morder a língua e o lábio inferior. Ninguém escolheu sentar ao meu lado.

Havia algo de errado. Já tivera convulsões antes, sempre com os mesmos sintomas, mas elas normalmente passavam em 20 minutos ou meia hora — e estes eram os mais longos. Quase sempre, os ataques duravam apenas segundos. Só que esse não parecia estar perto do fim. Fincara suas garras em mim e parecia ganhar mais e mais força.

Quando finalmente cheguei em casa (após ter me controlado o máximo que pude no metrô) e tranquei a porta, a crise explodiu pelo meu corpo. Tombei no chão, debatendo, rosnando, latindo. Não conseguia controlar meus braços nem minhas pernas. Duas horas depois, apesar de os espasmos mais violentos terem cessado, terremotos mais suaves ainda percorriam minha espinha. Tive que me forçar a ir para a cama, onde as chances de machucar gravemente meus gatos ou a mim eram menores. Mas, mesmo na cama, continuei como um louco, os olhos arregalados inutilmente no escuro e os dentes mastigando devagar o que havia sobrado da minha língua ensanguentada. Não consegui dormir. Toda vez que sentia que começava a cochilar, uma renovada onda de tremores, espasmos e fúria percorria meu corpo como uma corrente elétrica errante e eu arregalava os olhos novamente, esgotado, dolorido e mais desperto do que nunca.

Por fim, lá pelas três ou quatro da manhã, consegui fechar os olhos. Essas crises parecem drenar a pessoa por completo. Pode ser que eu ainda estivesse tremendo, mas pelo menos não estava mais consciente.

Quando acordei na manhã seguinte, ainda não estava completamente curado. Meu rosto se contorceu em convulsões quando tomei um banho quente, minhas mãos tremeram violentamente quando tentei me barbear. Consegui me compor a duras penas e, por motivos que mal pude compreender — tirando uma maldita e persistente ética profissional protestante — me dirigi para o trabalho, onde tentei cumprir minhas tarefas sem atacar nenhum colega ou berrar.

Com sorte, meu editor, o sr. Strausbaugh, teria uma cópia do novo ritual de exorcismo do Vaticano dando sopa em sua sala. Normalmente, sabia que podia contar com ele para coisas desse tipo.

Minha cabeça parecia estar pegando fogo, mas os tremores mais intensos pareciam ter se extinguido, deixando apenas um discreto e insistente zumbido. No entanto, era o suficiente para acabar comigo e mandar minha concentração para o espaço. O problema de ter ficado sem dormir (e isso era meio chato) era que o cansaço sempre aumenta a probabilidade de uma nova crise. E lá estava eu, exausto, ainda tentando me recuperar de uma há, o quê?, umas 17 horas? Nunca tivera uma crise tão longa antes e ela ameaçava me derrubar novamente.

Fiquei grudado na cadeira, sem conseguir digitar porra nenhuma, porque meus dedos não paravam de tremer e me esforçando para manter tudo sob controle. *Por que diabos vim trabalhar hoje?* — era a pergunta que não queria calar.

Lá pelas quatro da tarde, o fogo havia se apagado sozinho. Eu estava paralisado, esgotado — mas parara de tremer e sibilar como uma cobra. Vinte e três horas. Era meu novo recorde. Minha língua parecia carne moída e eu ainda sentia um gosto metálico de sangue na boca, mas a vontade de bater a cabeça na porta passara. Saí do trabalho, fui me encontrar com Morgan e voltamos ao bar no qual tudo começara na véspera, até sentamos à mesma mesa e chegamos a tomar umas cervejinhas inofensivas. Estava exausto, mas contente por estar ali com ela. Queria me desculpar e provar que não estava ficando maluco de novo.

— Os demônios me pegaram de jeito desta vez — expliquei rouco, falando mais devagar do que o normal.

Pensando bem, o papo dos demônios não era exatamente a melhor maneira de provar que eu não estava ficando maluco de novo. Mas ela entendeu — afinal de contas, passara 12 anos num colégio católico. E eu já lhe contara sobre as crises há muito tempo. Mas saber e presenciar eram coisas muito diferentes.

Mais tarde, depois de voltar para casa naquela noite, vi um pouco de televisão enquanto comia um sanduíche e decidi ir para a cama mais cedo.

Empilhei minhas roupas na cadeira da escrivaninha e fui ao banheiro. Escovei os dentes, tomei meus remédios — que, por sinal, estavam me ajudando *muito* — e me preparei para entrar no chuveiro.

Só então percebi que havia algo estranho. Não era bem dor, nem desconforto. Havia algo diferente com meu pé direito. Olhei para baixo.

Meu pé estava coberto de sangue. Praticamente seco, mas ainda grudento na superfície. Cobria todo o peito do pé, escorrendo pelos lados e entre os dedos. Era um sangue espesso, escuro.

Acho que qualquer pessoa acharia isso no mínimo desconcertante. O que fazer ao descobrir uma parte do seu corpo inesperadamente coberta de sangue? Por incrível que pareça, não entrei em pânico, nem comecei a me debater numa nova crise. A da véspera já estava de bom tamanho.

Sentei para examinar minuciosamente meu pé, procurando algum machucado, um corte, uma ferida aberta escondida sob a camada de sangue. Alguma dor aguda, específica. Eu operara o pé em janeiro do ano anterior e ele cicatrizara completamente, apesar de o cisto ter reaparecido. E o pior: a operação fora no pé esquerdo, não no direito, ou seja, não tinha nada a ver. Não encontrei absolutamente nada. Nenhuma origem óbvia. Estava de meias até entrar no banheiro e parecia tudo normal. Como o sangue estava quase todo coagulado, presumi que não fosse recente. Era como se tivesse vazado da minha pele.

Por não estar sentindo nenhuma dor, achei um pouco intrigante, mas não cheguei a ficar preocupado. Entrei no chuveiro e limpei o sangue. Meu pé parecia normal. Sem nenhuma marca. Saí do chuveiro, me enxuguei e acendi um cigarro. Pouco depois, fui deitar. E não pensei mais no assunto.

Só no metrô, no dia seguinte, é que a palavra "*stigmata*" me ocorreu. Talvez não tivesse sido um demônio dessa vez, afinal.

Havia sido Páscoa judaica na véspera; em alguns dias, seria Sexta-Feira Santa. Uma coisa era certa: estávamos entrando na temporada oficial da *stigmata*.

Era quase impossível encontrar estatísticas confiáveis sobre palmas ensanguentadas anteriores ao século XV. Embora houvesse relatos de 20 estigmatizados no século XIX, nenhum papa na memória recente apresentara os estigmas. E, até onde sei, nem Madre Teresa, Princesa Diana ou Elvis. Então não podia ser coisa boa. Tive um amigo que, após um porre fenomenal na mesa da minha cozinha uma noite, me contou que apresentara. Ele me exibiu, orgulhoso, suas chagas nas mãos, mas, olhando de perto, me pareceram buracos recentes feitos com um prego. Embora os pregos fizessem sentido, acho que não conta quando quem faz os buracos na pele é a própria pessoa.

Mas era possível apresentar os estigmas nos pés? Pela lógica, parecia possível, mas quase não se fala sobre o assunto. Nas mãos e no tórax, sim, e até mesmo na testa de vez em quando, mas nos pés? Eu reconhecidamente não entendia muito do assunto, então liguei para alguns católicos não praticantes e descobri que pés eram um alvo legítimo.

Que diabos estava acontecendo dessa vez? Se eram mesmo estigmas, por que tinham afetado apenas um pé? Por que não me concederam o pacote completo? E por que havia passado tão depressa?

Refleti sobre essas perguntas durante um bom tempo. Elas me ocuparam por quase toda a manhã. Todo mundo pensou que eu estava brincando sobre o sangue no pé, então ninguém levou minhas dúvidas a sério. Achavam graça e me despachavam. Ainda assim, continuei intrigado. Era possível ser afetado por uma dose *leve* de *stigmata*?

Algumas horas depois, quando estava almoçando, a resposta me ocorreu, perfeita. Além do mais, fazia todo sentido. Se o que estava acontecendo comigo era mesmo um caso de *stigmata*, era óbvio que tivesse sido afetado apenas em menor grau, porque fui criado como luterano. Não tinha um único osso vagamente católico no corpo. E, para completar, perdera minha fé há muito tempo.

Uma vez solucionado esse mistério, ainda havia algo que eu não conseguia entender. Por que justamente eu estava padecendo de uma provação que só acometia os católicos mais sagrados?

(Isso é apenas uma amostra de como minha cabeça funciona às vezes.)

Precisei de algumas cervejas com Morgan naquela noite até encontrar a resposta para esse enigma.

Percebi que para isso eu tinha que relembrar o que havia acontecido antes de o sangue (ou melhor, o Sangue) ter aparecido. Eu teria que recordar aquele ataque peculiarmente tenaz, que terminara apenas algumas horas antes de eu notar o que estava acontecendo com meu pé direito.

Os relatos que eu lera sobre casos mais tradicionais de *stigmata* ao longo dos séculos — freiras e padres cujas mãos, pés e flanco expeliram gotas gordas de sangue durante anos seguidos — frequentemente mencionavam também tremores, falas inconscientes e outros tiques comportamentais esquisitos. Visões divinas, essas coisas. Esses tiques foram interpretados como visitas — possessões, a bem da verdade — do Espírito Santo.

Era a resposta que eu estava procurando. Aquela crise, durante a qual tremi, fiquei me debatendo e falei numa espécie de língua estranha (pelo menos, *mastiguei* uma) sem dúvida fora uma visita do Espírito Santo. No meu caso, em vez de invadir meu corpo, enchendo-me de uma jubilosa clareza e paz interna que transmite todo conhecimento, o Espírito Santo foi trapaceado, viu-se dentro de mim e estava lutando para sair, tendo percebido só depois que cometera um erro terrível, monstruoso. Após um dia de esforço, Ele finalmente encontrou um portal de escape através do meu pé direito. Por ser uma criatura espiritual, isso explicava a ausência de qualquer sinal de sua fuga.

As coisas voltaram ao normal naquela noite, uma vez que eu finalmente tinha entendido com clareza o que acontecera nos últimos dois dias. Voltei para casa e, quando tirei as meias antes do banho, olhei ansioso para o pé. Estava limpíssimo. Nem uma gota de sangue sequer. Fiquei meio decepcionado. A mesma decepção que senti em 1989, quando o neurologista me mostrou a ressonância magnética e disse que eu não estava possuído pelo demônio.

Gosto de metáforas. De batalhas entre o Bem e o Mal. Diabos, eu já vivia aquilo o tempo todo com os gatos mesmo. Meu apartamento se transformara em um campo de batalha em miniatura, onde a guerra entre o Bem e o Mal nunca terminava.

Mas a pergunta nesse caso era: como uma metáfora podia sangrar?

Talvez eu estivesse muito disposto, até mesmo afoito, para descartar tudo aquilo como mais um acontecimento banal. Apenas Mais uma Coisa que Aconteceu Comigo. E, conscientemente, foi o que eu fiz. Mas estava ficando claro para mim que certas obsessões viviam no meu encalço. Não sabia como interpretar essas coisas. Jesus no meu quarto, crucificações, perseguição, ataque demoníaco e agora ainda mais essa.

Eu não acreditava em nada disso, então por que estava tão obcecado com essas merdas? Talvez a culpa fosse de Carl Jung — o que explica por que sempre evitei os junguianos com o mesmo fervor que qualquer outro tipo espiritual. Ou então eu simplesmente estava avaliando minha vida sob uma ótica de filme de terror. Isso era bem provável — eu **ligava** mais para os filmes do que para a religião — e foi por isso que comecei a achar, à medida que os dias iam passando, que o sangue não representava nenhuma evidência de estigma, mas sim o nascimento de um anão assassino.

Numa noite de quinta-feira, alguns meses após os estigmas — ou anão — aparecerem e sumirem em seguida, por algum motivo Morgan e eu estávamos no centro de Manhattan. O que era estranho, porque tentávamos evitar Manhattan a todo custo. Apesar de ser a primeira imagem de Nova York que ocorre a quem não mora na cidade, o centro de Manhattan — com seus intermináveis arranha-céus grudados uns nos outros, suas calçadas lotadas de gente bonita e suas ruas apinhadas de táxis — era um pesadelo. Era uma área da cidade que não oferecia quase nada do que estávamos procurando e quase tudo que detestávamos. A qualquer dia da semana, estava sempre entupida de babacas distraídos, autocentrados, desinteressantes, pendurados em seus celulares; era barulhenta demais, cara demais, fedia — e era um inferno encontrar um bar decente por lá.

Porém, naquela noite, não havia engarrafamento nem nas ruas, nem nas calçadas. Até encontramos um lugar para tomar uns drinques.

Quando saímos de lá, estávamos os dois meio altos, abraçados, tentando nos manter em linha reta, avançando aos tropeços em direção às luzes e ao tráfego da avenida mais próxima. A Quinta, talvez a Sexta. Não estávamos muito certos. Parei rapidamente para acender um cigarro e tentar descobrir onde ficava alguma estação de metrô que nos servisse naquelas redondezas.

— Estamos em que rua? — perguntei. — Cinquenta o quê?

— Humm, 53, eu acho. Vamos descobrir.

— Ok, então acho que temos que seguir, ahn... para o sul.

Chegamos à esquina, atravessamos a rua aproveitando o sinal que estava fechado e começamos a caminhar rumo ao sul, ou o que eu acreditava ser o sul, sentindo tudo girar loucamente à nossa volta, as luzes, os pedestres.

Estávamos em silêncio, concentrados em manter o mínimo de equilíbrio, quando Morgan perguntou: — Será que a igreja de Saint Patrick está aberta?

— Hein? — perguntei, agarrado no braço dela e andando de cabeça baixa.

— A Saint Patrick. Será que está aberta?

— Deveria estar, né? Por ser um santuário e tal.

— Quero ir até lá — disse ela.

Vindo dela, era algo surpreendente. Mas, ao mesmo tempo, fazia sentido. Muito sentido. — A gente pode descobrir — respondi. Eu não fazia a menor ideia de onde estávamos, nem em que avenida. Mas e daí? — Que horas são? — perguntei estendendo o braço, para ela ver em meu relógio.

— Quase dez.

O horário não fazia a menor diferença. — Vamos dar uma olhada.

Na esquina seguinte, atravessamos a avenida novamente e voltamos pelo mesmo caminho.

— Está aberta — disse ela alguns quarteirões depois —, mas parece que está prestes a fechar.

— Bem, então é melhor a gente se apressar.

Ela me conduziu pelos degraus e atravessamos as imponentes portas abertas, entrando no aconchego da igreja. Mesmo depois de tanto tempo em Nova York, nunca estivera na Saint Patrick. Nunca vira nenhum motivo para ir até lá. Para falar a verdade, a única igreja em Nova York que eu visitara ficava no meu bairro e, mesmo assim, por acidente. Fui aliciado por uma velhinha numa manhã de domingo, que me pediu para escoltá-la por uma calçada coberta de gelo, sem fazer ideia de que eu não podia enxergar. Depois atravessá-la até a igreja. Depois levá-la até o interior da igreja, até o seu assento perto do altar. Quando ela finalmente se acomodou, eu me mandei, torcendo para nunca mais dar de cara com ela de novo.

Sendo assim, sei muito pouco sobre o ritual católico, embora tenha crescido cercado por crianças católicas — e mesmo tendo ido duas vezes à missa quando era adolescente. Foi por isso que fiquei surpreso quando Morgan, que frequentara um colégio católico, parou diante do altar votivo. (Eu nem sabia que se chamava "altar votivo" até ela me explicar).

— Você tem algum trocado aí? — perguntou ela.

Meio bêbado, pensei que ela estivesse se referindo ao troco que eu recebera depois de pagar o jantar naquela noite e saquei minha carteira do bolso.

— Não, não, não... Moedas mesmo.

— Ah. — Catei um punhado de moedas no outro bolso e passei para ela.

Ouvi as moedas tilintarem dentro de uma urna de metal e logo em seguida Morgan retirou uma das velas do candelabro, onde reluziam dúzias de outras chamas. Ela a acendeu e ficou quieta por um instante.

Morgan não é uma mulher religiosa — pelo menos, não no sentido tradicional da palavra —, mas acendeu a vela com uma reverência inconfundível. Não havia nenhum traço de ironia debochada. E, de algum modo, quando ela fez aquilo, entendi.

— Para quem era a vela? — perguntei enquanto ela me conduzia dentro da igreja.

— Para minha avó — contou ela. — Posso acender uma para o seu avô também. Aquele de quem você era mais próximo.

— Não, tudo bem. Não sei se ele iria realmente valorizar algo assim. Mas obrigado.

Segurando meu braço, ela me levou por uma das laterais da nave, descrevendo tudo que via.

— ... e aqui tem uns monitores de vídeo enormes, e...

Não havia mais do que uns gatos-pingados na catedral naquela noite. Mesmo tentando andar sem fazer barulho, podíamos ouvir o eco dos nossos passos. Escutei uns sussurros, mas não estava enxergando quase nada. Estava com medo de tropeçar e derrubar alguma coisa. Um relicário ou algo assim.

Morgan me levou até o altar, onde paramos e nos viramos, contemplando o interior imponente.

— Queria que você pudesse ver o órgão ali em cima — sussurrou ela. — É incrível. Este lugar todo é incrível. De repente você consegue enxergar melhor se voltarmos um dia desses, pela manhã, o que você acha?

— Podemos, sim. Queria ver.

Voltamos pelo corredor central e comecei a ter uma noção do espaço ao meu redor. É estranho — quando tudo está silencioso como a Saint Patrick estava naquela noite, é possível ter uma noção do espaço à sua volta, mesmo sem conseguir enxergar. É quase como se desse para escutar o espaço, ou senti-lo na pele.

Voltamos ao altar votivo e nos dirigimos para a saída. Um homem com uma vassoura na mão cruzou conosco e nos interrompeu.

— O senhor precisa tirar seu chapéu.

— Está bem — respondi, tirando o chapéu. — Sem problemas. — Tinha me esquecido completamente que estava com ele na cabeça.

Cinco degraus e já estávamos na rua, onde o coloquei de novo, dando de ombros para ninguém em particular. Depois, continuamos a procurar uma estação de metrô.

Estou longe de ser um cara religioso. Não fui tocado por Deus enquanto estava na igreja naquela noite. Pelo menos, não do jeito que talvez tenha sido chacoalhado pelo Espírito Santo alguns meses atrás. Mas, ainda assim, havia algo — algo bom, encantador, até mesmo pungente — naquela parada na Saint Patrick (encachaçado pra cacete) em uma noite gélida de quase outono, em acender uma vela para uma avó que significara algo para você, em apenas ficar dentro daquele lugar por alguns minutos. Não sei exatamente o quê, mas foi um desses bons momentos, breves e raros, como ficar de bobeira em um bar vazio que você não conhece ou sentir o mar molhando seu rosto pela primeira vez. Um momento desses que fica impresso na memória por um tempo.

CAPÍTULO 11

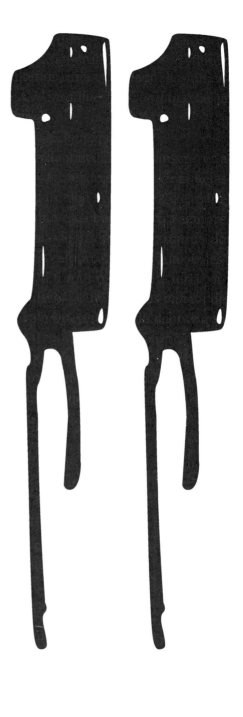

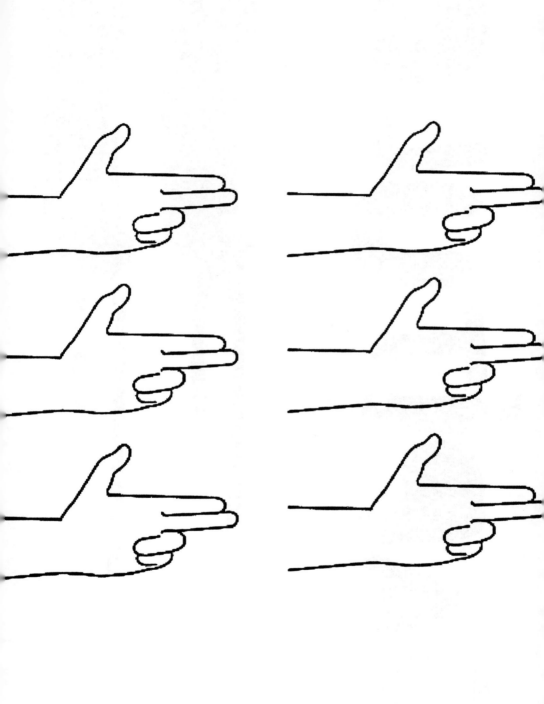

esde que começamos a sair juntos, Morgan e eu preferíamos frequentar o mesmo bar em vez de ficar variando o tempo todo. Já comentei isso antes. Gente que fica pulando de bar em bar sempre nos incomodava. Quando encontrávamos um lugar que nos agradava, virávamos fregueses fiéis, até que algo nos convencesse de que estava na hora de procurar outro lugar. Eu era assim com empregos e apartamentos também.

Não é fácil achar um bar com o clima ideal, para começar. Tem que ser tranquilo, ter bartenders que saibam a hora de te dar um saco-de, fregueses que não se metam na sua vida e te deixem sossegado.

Uma *jukebox* decente também ajuda.

Mas, do jeito que as coisas funcionam em Nova York, encontrar um bar para chamar de seu é sempre uma satisfação temporária. É tudo uma questão de oportunidade. Depois de algum tempo, a notícia de que determinado bar é tranquilo se espalha e ele deixa de ser. Os funcionários mudam, os jovens invadem, o clima muda. A mudança é palpável e, quando acontece, está na hora de partir.

Morgan e eu estávamos de volta ao nosso mais novo velho bar — um lugar aberto, arejado, em uma pacata rua lateral, com piso de ardósia e teto de zinco. Mesas pequenas enfileiradas na parede oposta ao comprido balcão de madeira e uma imensa mesa redonda próxima à parede dos fundos. As janelas panorâmicas na entrada deixavam o bar razoavelmente claro durante o dia, mas à noite, a não ser pelas luzes espalhadas pela rua para iluminar as faixas, era um verdadeiro breu.

Era relativamente tranquilo durante o dia e a maioria da clientela era composta de *habitués* do Milano que haviam sido defenestrados por uns dias ou que estavam apenas em busca de uma mudança de ares. O bar também abrigava dois gatos, que tinham ido com a nossa cara desde o início.

Devia ser por volta das oito da noite. Estávamos numa pequena mesa encostada na parede, no meio do bar, entre a entrada e os fundos, conspirando para surrupiar uma porção de amendoim abandonada no balcão. Não era uma noite muito diferente das outras, mas para mim estava ótimo.

Corri os olhos pelo ambiente, explorando a escuridão, sem sequer me preocupar em enxergar alguma coisa. Era o que Morgan chamava de meu "Assustador Olhar Fixo de Cego". Foi então que vi uma aura brilhante de luz branca.

Não era um flash. Não era como se alguém tivesse tirado uma foto, nem como se eu tivesse sido atingido na nuca com um tijolo. Era uma luz branca concentrada, fixa, que meus olhos haviam perscrutado como um movimento panorâmico de câmera. Até desviar o olhar, mal me dera conta de que ela estava lá e, mesmo assim, achei que era fruto da minha imaginação. Levei um segundo para localizá-la de novo, um breve desviar de olhos, como se estivesse procurando uma colher caída no chão.

Uma mesa mais para o fundo, encostada na mesma parede que a nossa, estava banhada por uma luz branca, incandescente. Com exceção do episódio de Jesus, eu jamais vira algo parecido, muito menos em um bar como aquele. Quando a luz é bem forte e está dentro do meu bastante limitado campo de visão, ainda consigo enxergar com alguma clareza. Não os detalhes mais sutis, apenas o essencial. Mas aquilo era como se Deus em Pessoa tivesse cravado do Céu uma lança naquele ponto específico, com um único propósito: permitir — praticamente me *obrigar* — a ver algo. Tudo ao redor daquele raio de luz era escuro e impenetrável. Mas dentro dele, naquela mesa, estava tudo iluminado.

Foi o que me deixou assustado, porque dentro daquele raio de luz, sentado à mesa, percebi que estava olhando... para mim mesmo.

Não sou muito chegado a me olhar no espelho (pra quê?). Estou longe de ser um cara vaidoso, mas mesmo assim tenho uma boa noção da minha aparência. E, sentado a algumas mesas de distância, banhado numa incandescência ebúrnea e etérea, lá estava eu.

Cutuquei Morgan, inclinando-me discretamente e perguntando em voz baixa: — Não quero parecer um narcisista chato pra caralho e sei que sou praticamente cego, mas me diz uma coisa... aquele cara sentado ali atrás, humm, sou eu?

Esperei um momento, tentando agir do modo mais *blasé* possível. Tomei um gole de cerveja, bati o cigarro no cinzeiro. Morgan lançou um olhar rápido e furtivo para trás.

Voltando-se para mim, ela se inclinou sobre a mesa e sussurrou: — É. Pior que é.

— Obrigado. — Ouvir aquilo foi um tremendo alívio.

Consegui me controlar para não sair correndo aos berros pelo bar, mas a noite imediatamente adquiriu uma nova estranheza. Se eu queria uma prova de que tudo que havia vivenciado até aquele momento era uma espécie de ilusão, de que tudo que havia visto, sentido, tocado ou imaginado era parte de uma grande piada ou um sonho patético, para mim aquilo já estava de bom tamanho.

Alguns amigos se juntaram ao sujeito logo depois e eles pareciam estar se divertindo muito. Tenso, eu não conseguia parar de lançar olhares furtivos na direção dele, ainda envolto em sua aura espiritual. Estava tentando ser o mais discreto possível, mas, por mais de uma vez, tive a impressão de flagrá-lo olhando para mim também. Era óbvio que ele também acabara de ver algo que não necessariamente queria ter visto.

Ele, é claro, devia saber desde o início que este dia acabaria por chegar, enquanto eu, é claro, não fazia a menor ideia.

A cada olhar, eu tentava descobrir um detalhe que pudesse desmascará-lo como uma fraude. Uma verruga, um dente escuro, orelhas de abano descomunais. Infelizmente, não consigo enxergar esse tipo de detalhe sem chegar perto da pessoa. O brilho incandescente irradiava como uma auréola sobre ele, como a de Richard Lynch no final do filme *Foi Deus quem Mandou*. Se eu chegasse perto demais, provavelmente iria me queimar.

— A testa dele é um pouco maior do que a sua — acudiu Morgan.

— Mas a sobrancelha é idêntica.

— Então você acha que isso é minha versão *Cro-Magnon*?

— Mas é verdade, sério. A testa. O resto é igualzinho.

— Que ótimo! Mas ele não está de chapéu. Já é alguma coisa, né?

— Para ser franca... está. Ele tirou.

— Puta que pariu!

Nós — eu e o meu outro eu — ficamos nos olhando com um misto de curiosidade, medo e confusão. Ele, de dentro da luz, e eu, como sempre, nas trevas.

Comecei a testar umas coisas. Levantei o braço direito bem devagar para ver se ele levantava o esquerdo. Mudei o cinzeiro de lugar discretamente de um canto da mesa para o outro, para ver se ele faria a mesma coisa. Acendi o isqueiro e fiz um movimento circular com a chama para ver se ele ia imitar meus gestos.

Ele não fez nada disso, é claro, o que só serviu para me deixar com cara de palhaço mais uma vez.

A neve, que caíra praticamente o dia inteiro, havia sido substituída por uma chuva forte e depois por uma das piores tempestades de granizo que eu já presenciara em Nova York. O granizo desceu maciço, como uma chuva de meteoritos. O bar ficou silencioso, enquanto as pessoas contemplavam, ouviam. Então, a tempestade cessou, abrupta, assim como havia começado, e a chuva voltou a cair.

Há alguns anos, eu estava na Linha F voltando para casa depois do trabalho quando ouvi um cara sarado se passando por mim, dizendo que era ele quem assinava minha coluna "Slackjaw" toda semana — numa tentativa equivocada de cantar umas garotas.

Outra vez, em outro trem, vi uma versão 20 anos mais velha de mim mesmo sentado do outro lado do corredor e fiquei arrasado ao descobrir que não havia mudado nada. O mesmo chapéu, o mesmo cabelo comprido. Vinte anos depois e eu continuava usando a mesma maldita camisa. A única diferença é que tinha engordado uns 20 quilos. Mas aquilo era inédito. O cara sentado a duas mesas da minha não estava aberta e descaradamente se passando por mim. Aquele cara, naquele bar, naquela noite, era eu. E dessa vez eu tinha uma testemunha. Não era mais um acesso ridículo de paranoia.

— Acho que a gente devia ir lá falar com ele — sugeriu Morgan.

— Hum, não sei, não... Eu meio que sei de cabeça o que penso sobre quase tudo.

— É, acho que você tem razão. E depois, falar o que sem parecer completamente maluco? "Com licença, mas o senhor é eu?" Acho que ia ser péssimo.

— Para a maioria das pessoas, sim. E depois tem aquele lance matéria, antimatéria. Você sabe... *cabum!*

Quando deixamos o bar algumas horas mais tarde, ele continuava lá sentado com os amigos, (se) divertindo. Parei na porta, antes de sair, dei uma boa e longa encarada em mim. Ele retribuiu o olhar.

Na noite seguinte, lá estava ele de novo, mas sem o brilho. E, na noite seguinte, também. Com o tempo, nos acostumamos com sua presença.

— Você está aqui novamente — dizia Morgan assim que ele chegava, ou então: — Você acaba de entrar.

Ele surgira envolto num raio de luz branca e agora estava virando apenas mais um freguês, assim como as figurinhas de sempre: Victor, Jack ou o grego que vendia brinquedos; assíduo como qualquer outro desocupado, tipo eu e Morgan.

Nunca troquei uma palavra com ele nem tentei sentar muito perto. Mas, mesmo assim, comecei a tentar imaginar o que ele fazia durante o dia. Será que acordava bem cedo e saía de casa, percorrendo a cidade? Ajudando velhinhas a atravessar a rua, tocando alaúde para pacientes na ala dos queimados do hospital, levando mendigos para almoçar, brincando com órfãos, praticando Boas Ações enquanto eu passava meus dias evitando atender ao telefone, escrevendo histórias idiotas sobre mim mesmo, tramando vinganças e sofrendo por causa de injustiças caducas? Provavelmente. Então, após um dia de boas ações, ele arquitetava um plano para encontrar comigo no bar toda noite (ao seu próprio modo) e sugar minha energia, desfalcando ainda mais o meu já escasso estoque espiritual. Comecei a especular se ele não seria um pouco responsável pelo meu recente surto de perda de consciência.

Finalmente, concluí que sim.

Após algumas semanas dessa modalidade de vampirismo, Morgan e eu decidimos que estava na hora de mudarmos novamente de bar.

CAPÍTULO 12

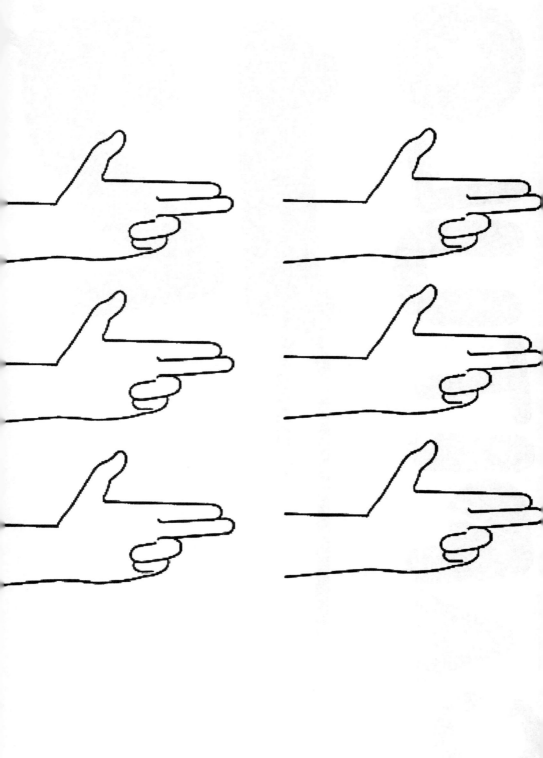

Às vezes posso dar a impressão de que a única coisa que eu e Morgan fazíamos era ficar em bares, conversando e enchendo a cara. Mas fazíamos outras coisas, além disso. Gostávamos de apostar.

Sempre achei que, filosoficamente falando, apostar era uma das metáforas mais puras para a vida cotidiana; em um plano menor e mais empolgante. Todo dia é um risco. Nunca sabemos realmente o que vai acontecer ou onde vamos parar, mesmo assim saímos de casa e nos arriscamos. Pode não acontecer nada, ou o túnel do metrô pode desmoronar à nossa volta. Um desconhecido pode te dar um tiro na perna sem mais nem menos ou você pode encontrar uma sacola cheia de notas não marcadas. Apostar — desde um bolão de futebol no escritório até as apostas de alto risco na mesa de pôquer — é admitir e comemorar a aceitação desse fato. Num certo sentido, é um símbolo do presente eterno, no qual o passado e o futuro perdem todo significado e já não mais existem. O que importa não é nem a última mão em um jogo, nem a próxima corrida, somente o que você tem diante de si naquele momento.

O fato de ser inacreditavelmente azarado era o de menos. Eu sabia disso e não me incomodava nem um pouco.

Passamos uns meses juntando uma grana, viajamos para Atlantic City e perdemos tudo em menos de 24 horas. Embora tenhamos partido sem nenhum arrependimento, decidimos depois que talvez fosse mais sensato encontrar algo mais perto e mais barato. Por sorte, estávamos próximo de dois hipódromos, o Belmont e o Aqueduct. O acesso a ambos era surpreendentemente fácil. Morgan nunca tinha ido a uma corrida de cavalos. Há anos que eu ia sempre que podia, mas jamais ganhara uma única aposta. Já estava mais do que na hora de tirarmos a sorte grande.

Em uma quinta-feira, em maio de 1999, liguei para o hipódromo e uma senhora gentil e entusiasmada me garantiu que havia corridas durante todo o fim de semana e que eu devia ir até lá. Sendo assim, na manhã do domingo seguinte, Morgan e eu nos encontramos numa estação de metrô no Brooklyn, pegamos o trem A e nos acomodamos para a viagem.

Eu nunca tinha ido ao Aqueduct e não sabia direito se ia acertar o caminho até lá depois que saíssemos do metrô. Mas achei que, como a estação se chamava "Hipódromo Aqueduct", não podia ser muito complicado. Na certa, encontraríamos alguma sinalização.

— Se não for muito óbvio — disse a Morgan —, se não encontrarmos nenhuma placa nem nada, a gente segue o resto das pessoas que saírem do trem. Vai dar certo. — Era uma velha estratégia da qual eu lançava mão há anos para convencer os outros de que realmente sabia para onde estava indo.

— Sei, já ouvi essa sua estratégia antes — retrucou Morgan, desconfiada. — E ela nunca, jamais, em ocasião alguma, funcionou.

— Veremos. — Mesmo jamais tendo funcionado antes, eu ainda achava uma boa estratégia.

Enquanto esperávamos nossa estação chegar, aproveitei para contar a Morgan sobre a última vez que tinha ido a uma corrida, quando ainda morava na Filadélfia.

— Matei o trabalho um dia. Foi na época em que trabalhava na tal agência de cobrança e Grinch ainda morava lá também. Pegamos a bicicleta dele e fomos até um dos hipódromos da cidade. O lugar era legal, mas estava às moscas, praticamente vazio, tirando uns velhos trambiqueiros ensebados com chapéus horrorosos.

Fiz uma pausa, reconsiderando o tom da minha descrição.

— Agora — prossegui —, já te disse que em todos esses anos tentando, nunca consegui ganhar uma corrida na vida, não disse? Anos e anos, dezenas de hipódromos, centenas de corridas e nunca, jamais, escolhi um vencedor.

— Várias vezes.

Era verdade. Mas, mesmo jamais tendo ganhado um centavo nas corridas, nunca perdi muito dinheiro também. Perdia tudo o que apostava, o que não era grande coisa mesmo. Para apostar num cavalo, você não precisa de tanto dinheiro quanto num cassino, por exemplo.

— Certo. Então, no quinto páreo, apostei dez dólares num cavalo. Esqueci o nome, queria lembrar, mas isso já faz muito tempo. As chances até eram razoáveis. Enfim, eles abriram os portões de largada e meu cavalo disparou na frente. Isso já tinha acontecido várias vezes antes, então nem me empolguei.

— Hã?

— Ele foi ganhando distância, na liderança. Era impressionante, achei que fosse realmente ganhar daquela vez. Era um fato inédito e fiquei empolgadíssimo.

— E então?

— Eles estavam lá na pista de corrida e meu cavalo, sei lá como se chamava, queria lembrar o nome, meu cavalo, que estava com seis corpos de vantagem, *parou*. Simplesmente *parou*. Ficou lá, no meio da pista, igual uma estátua. O jóquei ficou olhando para os lados, sem entender nada, e o cavalo parado, esperando todos os outros o ultrapassarem. Depois que todos passaram, ele caiu duro no meio da pista, mortinho. E Grinch, que estava sentado do meu lado, mandou essa: "Slack, acho que seu cavalo acaba de, hum, *bater as botas* ali."

— Ah, meu Deus. E o que eles fizeram?

— Ah, veio uma ambulância para cavalos, enfiaram ele lá dentro e levaram embora.

— Que horror!

— É, e isso ainda era o quinto páreo. No seguinte, nenhum cavalo morreu, correu tudo bem. Perdi, é claro. Meu cavalo chegou em último lugar, mas teve *fotochart*. No final, analisaram os resultados e anunciaram o vencedor, como em qualquer outro *fotochart*.

— Não me diga que anunciaram o cavalo errado...?

— *Exatamente.* Imagina aquele bando de idosos, 30, 40 anos mais velhos do que eu e Grinch, todos *descaralhados*, de pé, com um charuto entre os dentes, brandindo os punhos no ar e berrando: "Desgraçados! Isso é roubo! Seus filhos da puta!" Foi uma confusão dos diabos. Os caras queriam sangue.

— O que aconteceu? Eles tiveram que pagar os dois?

— Hum-hum, tiveram que pagar os dois. Perderam dinheiro pra cacete só naquele páreo. Acabou até saindo no jornal no dia seguinte; há mais de 30 anos que não dava uma merda daquela num hipódromo da Costa Leste. Por pouco, não virou um motim. Um motim de velhos falidos com charutos.

Meia hora depois, chegamos à nossa estação e descemos do trem. De cara, conseguimos avistar o hipódromo da plataforma elevada — uma construção branca gigantesca, com cavalos pintados na fachada. Mais fácil, impossível.

Como já era de esperar, quase ninguém desceu do trem, e os poucos que desceram estavam do lado oposto da plataforma e desapareceram antes que pudéssemos segui-los. Mais uma vez, minha estratégia foi para o cacete. Achando que, assim que saíssemos, íamos descobrir o caminho, prosseguimos em direção à saída mais próxima, na parte de trás do trem. De repente, Morgan parou.

Tentei acompanhar o olhar dela, forçando a vista em direção à saída, a aproximadamente uns 15 metros de onde estávamos. Distingui, mal e porcamente, duas pessoas paradas dentro das portas giratórias, acenando e gritando. Não consegui decifrar o que diziam — o vento abafava suas vozes.

Morgan avançou um pouco, depois parou novamente. Continuei indo na direção deles, mas ela segurou meu braço.

— Espera — disse ela.

Então ouvi uma voz de mulher cortando o vento:

— Chamem a polícia!

O que fazer? Se essa cena estivesse se passando em Green Bay, a resposta seria fácil. Iríamos imediatamente averiguar o problema, ver se podíamos fazer alguma coisa, procurar um telefone e ligar para a polícia. Mas, se você já mora em Nova York há certo tempo, sua primeira reação instintiva diante de uma situação dessas é que tudo não passa de uma armação. Você acha logo que uma dessas pessoas — ou alguém escondido atrás delas — está armado.

Nós nos aproximamos mais um pouco. Os dois continuaram a gritar. Eram um homem e uma mulher. Um deles estava batendo algo metálico contra as barras da roleta. Descobrimos, assim que chegamos mais perto e conseguimos ouvir melhor o que eles diziam, que estavam presos lá dentro. Tinham passado pela roleta, dado alguns passos, encontrado o portão fechado e agora não conseguiam sair.

(Ou assim diziam.)

Havia um telefone público na plataforma; Morgan ligou para a Emergência e explicou a situação ao operador, que a transferiu para o Departamento de Trânsito. Ela explicou tudo de novo e foi informada de que a ajuda estava a caminho. Depois que ela desligou, finalmente fomos até o casal encurralado e só então vimos que os dois deviam estar na casa dos 60 anos. Pareciam bastante inofensivos.

— Estamos aqui há duas horas — disse o homem.

— Estávamos indo para o hipódromo, entramos aqui e ficamos presos — explicou sua mulher, ainda segurando o cadeado que estava usando para bater nas barras da roleta.

Duas horas? Quantos trens chegaram e partiram em duas horas? Quantas pessoas os ignoraram?

— E acabei de passar por uma cirurgia cardíaca — disse a mulher, batendo no peito.

Garantimos que a ajuda estava a caminho, depois fomos para o outro lado da plataforma (torcendo para que conseguíssemos sair), para termos certeza de que o cobrador estava a par do que estava acontecendo. Depois, era a hora das corridas. Ainda tínhamos meia hora antes de darem a largada.

O cobrador, por trás do vidro à prova de balas, não me pareceu muito preocupado com a situação. Tinha um olhar vidrado, pastoso, que me fez pensar que não batia muito bem. Disse que sabia que o casal estava preso lá e que tomaria as devidas providências, então tomamos nosso rumo.

Assim que pisamos na calçada, uma viatura estacionou. Quando o policial saiu do carro, fizemos um leve esboço da situação.

— Eles estão presos há duas horas — contou Morgan.

— Duas horas, é? — perguntou ele. Em seguida, deu um sorrisinho enigmático e entrou na estação. Será que sabia de algo que desconhecíamos? Fosse como fosse, agora que alguém estava encarregado do problema, podíamos seguir para as corridas com a consciência tranquila.

— Como será que a gente chega lá? — perguntei. Olhamos à nossa volta e não encontramos nenhuma pista. Nenhuma placa, nenhuma seta. Não podíamos nem mais ver o hipódromo de onde estávamos, então voltei para a estação, para ver se o cobrador podia nos ajudar. Ele trabalhava ali. Tinha que saber.

— Com licença — gritei pelo vidro. Como se ele estivesse muito ocupado. — Como chegamos até as corridas de cavalos daqui?

— Ca-va-los? — perguntou ele.

Jesus, esse cara realmente tem problemas.

— É, o hipódromo? Aqueduct? Qual o melhor caminho para chegar lá?

— Não tem mais corrida lá, não, faz tempo.

— Tá brincando.

— Há um tempão.

— Mas... Falei com uma senhora pelo telefone na quinta-feira e ela disse que estavam funcionando hoje.

— Bem, vá conferir com seus próprios olhos então, tudo bem. Atravesse esse portão e siga reto. Veja com seus próprios olhos.

Isso não pode estar acontecendo. Saí da estação e contei a Morgan.

— Ah, o cara é retardado — disse ela. Passamos por cima do portão quebrado ao lado da estação e começamos a seguir reto por uma trilha de terra. Não demorou muito para avistarmos o hipódromo, do outro lado de um imenso estacionamento, cheio de carros.

— Viu? Olha só quanto carro. Tá na cara que tem algo rolando lá dentro — disse Morgan. Já passava de meio-dia, o primeiro páreo corria meio-dia e meia e eu estava torcendo para ela estar certa. Mas, assim que começamos a cortar caminho pelo asfalto, percebi que as coisas estavam silenciosas demais. Não tinha ninguém chegando de carro no estacionamento, ninguém zanzando de um lado para o outro, nenhum barulho escapando pela estrutura aberta à medida que nos aproximávamos. Apenas o vento sibilava de quando em quando.

Continuamos andando. Estávamos passando por um grupo de carros estacionados quando Morgan perguntou: — Por que será que todos esses carros ainda estão com plástico nos assentos?

— E adesivos na janela? — arrematei.

— E são todos do mesmo modelo?

Em questão de segundos, percebemos que eram todos carros novos.

— Puta que pariu!

Não deixamos que a descoberta nos intimidasse e continuamos avançando em direção ao hipódromo, achando que podia ser uma coincidência, que apenas uma parte do estacionamento pertencia a uma revendedora de carros e que todos os outros automóveis eram de pessoas que, como nós, tinham ido lá por causa das corridas.

Queríamos encontrar qualquer coisa que pudesse provar que o cobrador do metrô era mentiroso e retardado.

— Olha todas essas antenas parabólicas — observou Morgan. — Tem alguma coisa acontecendo aí dentro.

Mas, quando alcançamos a entrada atrás das antenas parabólicas, estava tudo vazio e fechado.

— Vai ver que só abre mais tarde — arrisquei.

Contornamos até a entrada principal, só para depararmos com a bilheteria igualmente vazia e fechada e as portas de ferro arriadas.

Por que a mulher no telefone mentiu para mim?

Nos afastamos alguns metros para estudar nossas alternativas e eu acendi um cigarro.

— Humm.

— Humm.

Foi quando surgiu um fio de esperança. Uma senhora latina gorda e idosa dobrou a esquina e cruzou um dos portões principais, que, pelo visto, não estava trancado. Ali estava o nosso anjo.

Fomos atrás dela. Ela estacou alguns passos à frente, virou para trás e nos lançou um olhar feroz e assustado. Provavelmente, morava em Nova York há tempo suficiente para ser desconfiada também.

— Com licença — disse, tomando o cuidado de não me aproximar. Ela continuava parada no mesmo lugar. — Oi, hã... por acaso... tá tendo corrida hoje?

Ainda sem se mexer, ela berrou de volta: — Não! Sem cavalo! *Sem cavalo!* Foram embora! Para Belmont!

Maldita Belmont.

Apesar do meu ar de decepção, agradeci e fomos embora.

— Droga, sinto muito — disse eu. — Que constrangedor!

— Tudo bem. Estava mesmo com um pressentimento de que as coisas não iam acontecer como tínhamos planejado.

— Pelo menos, o dia está bonito — comentei, tentando me agarrar a alguma coisa.

— E nós salvamos os velhinhos. E não ficamos duas horas presos numa roleta.

— Será que eles ainda vão vir até aqui depois de saírem da roleta?

Ficamos mais um tempo por lá, contemplando o estacionamento. Peguei outro cigarro.

— Bem.

— Humm...

O dia parecia perdido e ainda nem tinha acabado, até Morgan perguntar: — Vamos ver uns macacos?

Cruzamos o estacionamento de volta, refizemos a trilha, passando pelo portão quebrado, e entramos na estação de cabeça baixa, evitando olhar para o cobrador retardado ao passarmos pela cabine. Pegamos o trem e fomos para o zoológico no Bronx, ver os tais macacos.

CAPITULO 13

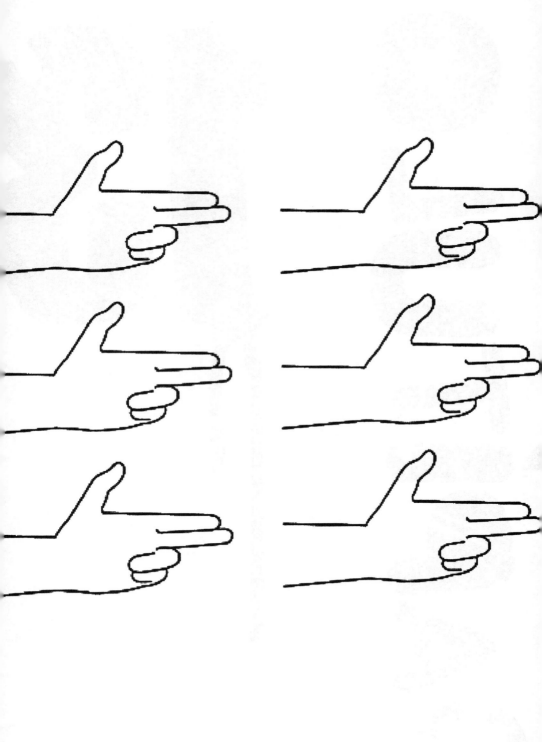

ra cedo. Cedo demais, para falar a verdade, mas lá estava eu com o resto dos pobres coitados que se deslocam diariamente para trabalhar quase de madrugada. Tentando sair do Brooklyn às 6h15 da manhã, todos ávidos para chegar ao trabalho. Talvez estivessem, assim como eu, apenas tentando evitar a pressão de corpos suados que haveriam de aturar em algum momento na próxima meia hora.

Era uma manhã de primavera excepcionalmente fria e nublada. Na noite anterior, eu tinha ido à reunião semanal dos doentes mentais que haviam recebido alta há pouco tempo (embora eles não gostassem de ser chamados de "doentes mentais", e sim de "consumidores de saúde mental"). Eles leram seus poemas e histórias, tocaram suas músicas, contaram piadas. Conversei com alguns participantes, inclusive com o sujeito que organiza o evento. Agora, precisava transformar aquilo tudo em uma matéria coerente para o jornal.

Estava encostado nas portas do metrô, olhando para os meus sapatos pretos surrados, tentando fazer uma lista mental de tudo que precisava fazer quando chegasse ao escritório. As portas à minha frente se abriram na estação da Smith com a Ninth Street.

Dois garotos entraram no trem — universitários, pelo que deu para sacar pelo papo. As fortes luzes fluorescentes do vagão permitiram que eu visse que um era alto, usava o cabelo loiro-pardacento num rabo de cavalo que pendia sobre o pescoço massudo. O outro, moreno e mais franzino, era visivelmente a sombra que o idolatrava. Escutei suas vozes antes mesmo de vê-los.

— ... que eu vomitei depois no banheiro à meia-noite, com o restante da minha última refeição! — disse o alto, a plenos pulmões, pomposo e escandaloso demais para aquela hora da manhã.

A sombra estava gargalhando, roxo de tanto rir.

Sentaram à minha direita, e o altão continuou:

— Aí eu escrevi assim: "Os seres humanos são pragas e eu me sinto obrigado a dizer isso, graças à minha inteligência obviamente superior..."

— Quá-quá-quá!

— "... eles se arrastam como as larvas que são em seu próprio vômito, sua própria imundície!"

— Quá-quá-quá!

E assim foram eles, durante mais três paradas, dois moleques barulhentos e insolentes fazendo papel de idiotas bancando os misantropos. Ok, eles detestavam todo mundo, o recado estava dado. Eram mais espertos que todos, sacavam tudo e estavam muito satisfeitos consigo mesmos por causa disso. Fiquei lá encostado no meu canto, pensando *"É, eu também me lembro da primeira vez que vi* Taxi Driver". Ao perceber que, quando tinha a idade deles, era exatamente assim que me portava, senti uma vergonha imensa. Ao mesmo tempo, fiquei lá pensando: *"Cara, estou de saco cheio desses projetos baratos de 'misantropos'."*

Foi a primeira vez que notei que havia ocorrido uma mudança no meu modo de pensar. Posso não ser um poço de alegria, mas aprendi que a felicidade não é um sentimento tão desprezível e superficial quanto eu julgava. Por mais que ainda cultivasse diversos níveis de desprezo generalizado por várias camadas da humanidade — e havia muitas, acredite —, pelo menos sentia que eram meus por direito e os respeitava devidamente.

Boa parte da minha raiva naqueles dias era causada pela minha própria inépcia, incompetência e arrogância — o fato de estar mais propenso a esbarrar nas pessoas na calçada, em escadas, nas plataformas do metrô. As pessoas não tinham culpa — sobretudo porque eu não usava minha bengala com a frequência que deveria —, mas uma parte de mim queria culpá-las mesmo assim. Mesmo quando tentava explicar e pedir desculpas, muita gente me olhava como se eu estivesse louco, bêbado ou fosse simplesmente retardado. Elas não me escutavam e isso me deixava irado. Mesmo com a medicação, minha raiva às vezes era como um animal perigoso e imprevisível, e, por esse motivo, eu ficava muito, mas muito nervoso e agitado quando cercado por muitas pessoas. Talvez não fosse a melhor das circunstâncias para um "jornalista", mas lá estava eu.

Embora em determinada época eu tivesse o hábito de berrar e falar besteira abertamente em lugares públicos, agora tentava manter minhas explosões de ira o mais silenciosas possível. Em Nova York, onde grande parte da população — pelo menos nos derradeiros dias do século XX — gostava de se considerar misantropa, qual era o sentido de ser mais um? Já havia centenas de milhares de pessoas se esforçando arduamente para provar o quanto detestavam tudo, tentando uma ser mais babaca do que a outra e sempre fracassando. Elas se queixavam sorridentes. Sentiam-se orgulhosas de si mesmas ao proclamarem alto e bom som seu desdém em público. Como os garotos no metrô. É uma regra geral que descobri ao longo dos anos — embora não seja o primeiro a identificá-la: quanto mais alto você fala, menos temor inspira nos outros.

Na noite anterior, sentado no recinto pequeno e apertado que abrigou o evento psiquiátrico, eu não me sentira nem um pouco nervoso. Com toda a sua loucura, aquelas pessoas haviam me ensinado algo.

— Passei 30 anos escrevendo — um sujeito magro de óculos com um espesso bigode grisalho me contou em determinado momento —

até ficar doente. Aí fiquei dez anos parado. Ser um consumidor é chato pra cacete.

Eles não falavam alto, não ficavam proclamando sua insanidade (com exceção das referências ocasionais a "ficar doente"), nem a celebravam como tantas pessoas (sobretudo os poetas) costumam fazer. Não precisavam disso. Conheciam a loucura em sua forma mais genuína e sabiam que era chata pra cacete. Em vez disso, eram sensatos e gentis, incentivavam uns aos outros. Os egos sensíveis e monstruosos que normalmente encontramos por aí simplesmente não existiam entre aquelas pessoas.

Houve uma época — quando eu era jovem e falava como aqueles garotos no metrô — em que teria entupido meu artigo sobre o evento da noite anterior com um rol interminável de piadas maldosas, ressaltando toda a loucura da situação. Apesar dos meses que eu próprio passara numa ala psiquiátrica, teria transformado o menor dos tiques que havia testemunhado em convulsões espasmódicas. Teria sacaneado seus poemas "de maluco" e suas músicas "de doido". O lance é que eu não tinha mais a menor vontade de fazer essas coisas. Pelo menos, não com aqueles caras. Eles não mereciam.

Depois que deixei o trabalho como recepcionista, uma das primeiras matérias que realmente me empolgou foi uma entrevista com o escritor Harry Crews. Crews morava na Flórida e escrevia romances corajosos e viris sobre pessoas — em geral, sulistas — que se encontravam em circunstâncias extraordinariamente terríveis. Ele próprio já passara por muita coisa, coisas bem mais sinistras do que eu. O rosto que vi na contracapa de seus livros e a voz que escutei ao telefone refletiam desgaste e cicatrizes.

Fiquei um pouco intimidado com a perspectiva de falar com ele, mesmo após alguém que o conhecera anos antes ter me alertado de que ele não era como eu imaginava. Ouvira algumas histórias. Ex-alunos o descreviam como um cachaceiro raivoso e insano. Ele tinha a reputação de ser briguento e estava longe de ser o sujeito mais agradável do mundo. Mesmo assim, após fumar meio maço de cigarros, me enchi de coragem, peguei o telefone e liguei para o número que haviam me passado.

Quando lhe fiz a inocente pergunta "Como vai o senhor hoje?" e ele me respondeu *"Doendo"*, tive certeza de que aquela seria uma tarde comprida e desconfortável. Entrevistas que começam assim normalmente não rendem grande coisa.

Como já era de esperar, fiz as perguntas erradas e não dei uma dentro nos meus comentários — perguntei, por exemplo, logo no início da entrevista, por que seus últimos romances terminavam todos da mesma maneira (isto é, com a maioria dos personagens principais explodindo sem mais nem menos).

— É o cansaço chegando? — alfinetei, numa tentativa canhestra de fazer uma piadinha inofensiva, mas ele não levou na esportiva. Eu provavelmente também não teria levado, se estivesse no lugar dele. Anos mais tarde, as pessoas iriam me fazer perguntas semelhantes sobre meus livros e eu sempre teria que me controlar para não partir pra cima delas.

— Não, não, não... — respondeu ele numa fala arrastada e áspera, ao mesmo tempo triste e irritado. — Espero que não. Espero ter escrito com um... — Ele suspirou profundamente e depois ficou mudo.

Sou um idiota, pensei.

Ele não desligou na minha cara, o que foi um alívio, já que teria me deixado com uma entrevista excepcionalmente curta nas mãos. Ficou apenas suspirando. Não era a primeira vez que ele passava por aquela situação. Suspirou mais um pouco, depois finalmente continuou:

— Quer dizer, toda ficção tem sempre o mesmo tema: pessoas tentando fazer o melhor que podem *com* o que lhes diz respeito. Às vezes com clemência, às vezes não. Às vezes com compaixão, outras vezes não. Honra ou não. E por aí vai.

Respirei aliviado. Reconheci o que ele estava dizendo — proferira as mesmíssimas palavras em incontáveis entrevistas anteriores que eu lera. Podia ter entrado no modo automático, mas pelo menos estava falando novamente. Fiquei quieto e escutei.

— Porra, quando eu era moleque, no sul da Geórgia, todos os velhos estavam em casa. Aprendi meu dialeto no colo do meu avô, com as histórias que ele contava. Ter tido uma educação formal não faz a menor diferença para gente de idade. Se viveram até os 65, 75, 90 anos, já viram e aprenderam de tudo. Passaram por muitas coisas e têm histórias para contar. O conhecimento se transforma em sabedoria, pode parecer careta, mas dane-se, agora que falei, está falado...

Percebi que ia dar certo, desde que eu não estragasse tudo. Mais adiante na entrevista, perguntei sobre seu problema com a bebida. Crews — em outros tempos um cachaceiro famoso, até mesmo bizarro — havia parado de beber.

— Estive em três clínicas de reabilitação — contou ele. — A gente tem que ficar internado 28 dias direto. Não me adiantou de nada. Tentei frequentar aquelas reuniões também, mas me deixavam deprimido pra caralho. Se você ouviu uma história sobre mijar na geladeira quando está de porre, já ouviu todas.

Já mijei em muitos lugares estranhos, pensei, *mas nunca numa geladeira.*

— A única coisa que funcionou para mim foi tomar 650 miligramas de Antabuse. Tomo um todo dia de manhã, fica ao lado da minha escova de dentes.

— Antabuse? Sério? — Aquilo me pegou de surpresa. Antabuse era barra-pesada.

— Na Virgínia Ocidental, na Virgínia e em alguns outros estados não se pode nem *receitar* esse troço. Tem gente que *morre* tomando essa merda. Uma dose de álcool e o sujeito não consegue nem abrir a boca quando chega à emergência do hospital. Até onde sei, não sou suicida, mas é preciso tomar cuidado o tempo todo. Todas estas coisas que a gente coloca nas saladas, estes molhos, sobremesas que levam conhaque. Tenho que checar tudo isso, cara. A parada é sinistra.

— Foda, hein? — comentei, torcendo para não ser mal interpretado.

— Escrevi, não lembro onde, que o trabalho mais duro que já tive na vida foi ser um cachaceiro. Fui cachaceiro por muito tempo. Não tem outra palavra; não gosto de "alcoólatra", prefiro cachaceiro mesmo, porque combina mais com o que é na realidade.

— Lembrei agora aquela velha piada de Jackie Gleason — comentei, feliz por poder contá-la a alguém capaz de entender. — "Alcoólatras vão a reuniões." — Ele deu uma gargalhada, bastante sonora para um homem que, segundo diziam, raramente gargalhava e fiquei contente em ouvi-la.

— É — continuou ele. — Jackie dizia que bebia pelo motivo ancestral e respeitável de ficar completamente descaralhado. Assim sou eu. Se você nunca viu um índio beber, devia ter me visto. Eu mandava ver. Era um caso sério. Mas, sabe, só comecei a beber com 30 anos. Durante todo o tempo em que fui fuzileiro naval, não bebi nada. Mas, quando comecei, juro por Deus, acho que fui alcoólatra durante a vida inteira, só não sabia. Bebia com as duas mãos.

— O que fez o senhor parar?

— Tive que optar — respondeu ele. — Eu podia escrever ou beber. Era impossível fazer os dois ao mesmo tempo.

— Mas o senhor deve ter conciliado bebida e escrita por um tempo — argumentei. — O senhor lançou muitos livros.

— Tem outra coisa. Acho que um dos motivos de ter bebido tanto e, olha, estou sóbrio há uns dez anos, é que passei a beber por volta dos 30 e a coisa só começou a me cair mal, a me fazer mal mesmo, lá pelos 46, 47 anos. E, quando começou, a bebida veio para cima de mim como um cão raivoso, cara. Eu simplesmente *não podia* beber. Ninguém conseguia me aturar, transformava tudo num inferno. Acho que, se alguém tivesse me dito que eu podia entrar nos eixos do jeito que consegui, eu teria respondido "impossível". Mas moro numa boa casa, pelo menos para mim. Quando você cresce numa casa de fazenda arrendada, qualquer casa é boa. Mas a minha fica no bosque, perto de um lago, tenho um cachorro e está tudo correndo bem.

Tudo correndo bem. Aquilo era outra coisa que me preocupava, embora permanecesse velada. Apesar do meu medo de ficar preso a padrões, rotinas e sistemas, no fim das contas, sim, as coisas estavam correndo bem. Eu tinha uma namorada incrível, meu cérebro não era grande coisa, tudo bem, mas pelo menos estava estável e eu arrumara um trabalho que pagava bem pelo pouco esforço que me exigia. Estava lançando meus livros. Nada que se comparasse aos dele, mas mesmo assim. Talvez fosse cego, mas pelo menos estava lidando com isso. As coisas iam bem. Era uma situação completamente desconhecida para mim, após tantos anos de esforço. As descargas de adrenalina que costumava experimentar roubando, quebrando janelas ou provocando incêndios haviam ficado para trás — mas eu as estava substituindo por outras coisas diferentes, mas igualmente boas, à sua própria maneira. Só sabia que, onde quer que eu estivesse, continuava bem longe da sabedoria à qual Harry Crews estava se referindo.

Semanas após a entrevista, até muito depois de a matéria ter sido publicada, eu ainda não sabia como digerir minha conversa com aquele macaco velho. A maioria dos escritores é canalha, sou o primeiro a admitir, e é por isso que costumo evitá-los, mas Crews era legal. Passara o diabo, escrevera seus livros, enchera a cara e agora, ainda que não estivesse exatamente "contente", parecia no mínimo satisfeito e confortável com sua vida. Mas, como diria o velho clichê, a que preço?

Durante a entrevista, houve um momento melancólico, quando ele baixou a guarda e disse algo que mexeu comigo. Ele já publicara mais de uma dúzia de romances e perguntei se alguma vez relera seus trabalhos. Ele disse que sim, mas não sempre. Disse que ainda achava alguns trechos muito engraçados. — Mas vou te dizer uma coisa — confessou, com certa tristeza —, sempre achei que seria muito melhor do que sou na realidade.

O que era verdade no meu caso também, em vários sentidos. Nunca pensei em me tornar escritor, mas, assim que percebi que era isso o que estava acontecendo, sempre achei, como ele disse, que seria muito melhor do que sou. Nem digo ótimo, mas, no mínimo, bom. No fim das contas, descobri que não passava de um cronista medíocre e acabei me contentando com isso. Eu podia querer ser melhor no meu trabalho e também podia, é claro, *tentar* ser melhor. Esse era o objetivo. Mas e se não fosse? Devo dizer que, por mim, tudo bem. Eu podia até ser preguiçoso, mas pelo menos estava fazendo algo de que gostava.

No início, quando via todos os outros escritores à minha volta, quando estava começando, ainda cheio daquele excesso de confiança, aquele orgulho arrogante e raivoso da juventude, achava todo mundo uma merda. Os outros colunistas do jornal no qual trabalhei na Filadélfia, as pessoas que publicavam artigos em revistas, os autores de livros — fosse ficção barata, bestsellers ou clássicos —, tudo uma grande merda. Eu tinha a mais plena convicção de que podia colocar todos no chinelo, reduzi-los a cinzas. Naquela época, tinha certeza absoluta de que seria o próximo Henry Miller e, por causa disso, ficava para morrer quando era criticado ou editado.

No fim das contas, não me tornei Henry Miller e aprendi que um bom editor é indispensável. E, quando comparo o meu trabalho com o de outros escritores, vejo como mudei de perspectiva. Hoje em dia, até mesmo ouvindo um audiobook policial barato ou um livro de terror de quinta categoria, não raro me flagro pensando: "Cara, este sujeito é tão melhor do que eu." E quando ouço uma obra-prima literária, fico simplesmente pasmo, perguntando-me embasbacado de onde diabos vieram aquelas palavras.

Em certo sentido, achava que seria uma pessoa melhor também. Depois de todas as coisas terríveis que fiz, disse e escrevi, subitamente — e por motivos ainda desconhecidos — eu simplesmente queria ser mais digno.

No mundo em que vivemos, por mais repugnante que possa ser, até que fazia sentido. Já tem muita gente escrota por aí — alguns de modo inconsciente e outros (como os moleques no metrô) se esforçando arduamente para serem desagradáveis. Perdi muito tempo na vida chafurdando na merda, consumido pelo ódio. Sei como é difícil se libertar dessas garras e vislumbrar uma única nesga de paz. Mas cheguei à conclusão de que era bobagem aumentar ainda mais a dose de sofrimento alheio.

O que não significa que tenha passado a gostar mais das pessoas. Não gosto e ainda procuro evitá-las o máximo possível. Só não tenho mais o mesmo interesse em gastar minha energia tornando a vida dos outros pior do que já é.

Na maior parte dos casos, pelo menos. Ainda tem muita gente por aí que merece um sofrimentozinho extra. Os histéricos com celular no ouvido que andam por aí mais cegos do que eu, concentrados em explicar (aos berros) para a pessoa do outro lado da linha que estão "entre a Rua 23 e a 24". Os que têm mania de andar com os cotovelos para fora. Os que fazem cooper. Gente convencida.

Deus sabe que ainda tenho pensamentos maldosos. Eles me vêm em flashes — se vejo alguém capengando pela rua com um gesso ou uma bota cirúrgica, a primeira coisa que tenho vontade de fazer é pisar no pé do aleijado. Ainda me sinto tentado a dar uma joelhada no rim das pessoas no metrô, sem motivo. O macete, eu acho, é não agir movido por esses impulsos.

— É — perguntou Morgan, quando comentei isso com ela —, mas até quando?

A frase de Crews "sempre achei que seria muito melhor do que sou" não foi mais do que uma reflexão tardia para ele; ainda assim, ela ficou comigo, rondando em momentos de quietude, quando eu refletia sobre todas as coisas que havia largado de mão. De qualquer forma, autopiedade não era a solução. Nunca é. Tornava as coisas ainda mais patéticas e insuportáveis. Melhor fazer algo a respeito.

Comecei a buscar pequenas provas, algum indício de que, apesar de todas as coisas que pareciam estar correndo tão bem, eu não havia me perdido durante o processo. De que, apesar de tudo — da minha visão, da minha felicidade, do modesto nível de sucesso que alcançara —, eu não tinha ficado frouxo.

Era um problema idiota, mas comum. Grande parte do que conquistara, pelo menos em termos de livros e histórias, partia do seguinte pressuposto: eu era um babaca arrogante, cheio de ódio no coração e que aprontava coisas terríveis, tanto comigo quanto com os outros. Agora que não me sentia mais assim, o que seria de mim? Será que ia perder tudo? O lance era esperar para ver.

Por acaso, não muito depois de ter começado a refletir sobre o assunto, recebi uma mensagem de Grinch:

Jim,

Estou usando ternos Donna Karan feitos sob medida. Cortei o cabelo no estilo Hugh Grant. Uso um óculos de grife que custou 500 dólares apoiado no nariz.

Vivo frequentando restaurantes badalados, puxando o saco de chefs famosos e fechando negócios milionários. Passo a maior parte do tempo pendurado no celular, geralmente em ligações internacionais para a Itália ou a França, gritando com outras pessoas sobre as taxas de câmbio do euro e carregamentos gigantescos de vinho. Faço musculação o tempo todo e corro 80 quilômetros por semana. Esta rotina me rendeu um peitoral de atleta e o físico que casa perfeitamente com as melhores jaquetas.

Jim, como você acha que as pessoas na rua reagem ao meu evidente sucesso, à minha elegância primorosa e à minha aparência impecável e juvenil?

Exatamente, elas partem para a agressão física. Assim que batem os olhos em mim, cidadãos até então aparentemente respeitáveis explodem em um ataque espontâneo de fúria violenta. Eu sou um para-raios humano para o ressentimento das pessoas. Sigo firme e forte pelas ruas, extraindo, destilando e amplificando todo o ódio e a maldade existentes no coração dos homens. Algumas coisas não mudam jamais.

Continue arruinando a vida das pessoas.

Grinch

Apesar de nos últimos anos eu ter ficado desconcertado com sua exaltação de uma vida sofisticada e prosaica, devia saber que Grinch era uma das poucas pessoas capazes de transformar o prosaico em realmente satânico na vida real e cotidiana (e não somente nos filmes). No caso de Grinch, a coisa ia muito além de fazer uma peregrinação até uma encruzilhada. Ele não precisava de nada disso, uma vez que eu estava absolutamente convencido de que era uma das encarnações de Belzebu em pessoa. Havia algo indestrutível em Grinch, uma perversidade elétrica que lhe permitia ser alegremente sádico em qualquer situação e ainda se safar. Ele continuava sendo um verdadeiro sociopata. E não estava no mundo para sair perdendo.

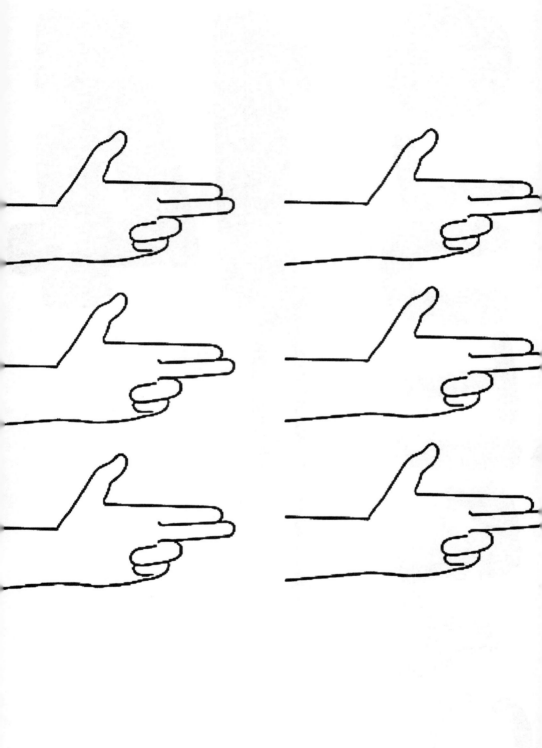

aço questão de evitar eventos "literários"— lançamentos de livros e coisas assim. Tento evitar qualquer tipo de festa, para falar a verdade, mas lançamentos de livros em particular. Na maioria das vezes, não passam de lugares lotados, insuportavelmente estéreis de bajulação sofisticada. A ideia de bajular gente sofisticada não me agrada nem um pouco. Nunca fui sofisticado, nem de longe, e tenho muito pouco a compartilhar com quem é.

Eu agora tinha a opção de me isolar. Antes, não tinha opção nenhuma — nos anos magros, vivia isolado e pronto. Eu me trancava no apartamento, enchia a cara e, por mim, tudo bem. Até mesmo quando era criança, escolhia passar a maior parte do tempo sozinho, lendo ou assistindo a filmes.

Foi durante esses primeiros passos para fora de casa, quando comecei a conhecer as pessoas, que percebi que não gostava muito delas.

Quase todos os empregos que tive ao longo dos anos — vendedor de livros, guarda de museu, cobrador, recepcionista — exigiam uma interação maciça com o público, o que só serviu para confirmar minhas primeiras impressões.

Agora, porém, eu podia escolher. Em geral, só lidava com as pessoas que escolhia. Embora eu e Morgan passássemos um bom tempo em lugares públicos, escolhíamos cuidadosamente locais tranquilos, onde sabíamos que ninguém perturbaria nosso sossego.

Parando para pensar, é bem possível que tenha sido essa escolha — a escolha de não interagir com as pessoas quando não estava a fim (e eu raramente estava) — o principal fator para minha nova filosofia e crescente satisfação com a vida.

Acho que isso vale para quase todo mundo — quando se é obrigado a confrontar o público cara a cara durante várias horas, todos os dias, o desejo de ser cruel com as pessoas é inevitável.

Com os livros, a coluna e a atenção moderada que ambos haviam impingido sobre mim (cheguei a aparecer na televisão uma vez), eu provavelmente podia frequentar festas e boates incríveis se quisesse, mas agora, mais do que nunca, queria passar longe disso. Ficava enjoado só de pensar.

Eu conhecia vários escritores — sobretudo os mais jovens — que ansiavam por esse tipo de atenção, que faziam de tudo para conseguir um pouco de publicidade e reconhecimento. Uma notinha nas colunas de fofocas nos jornais, nas revistas. Iam a todas as festas e promoviam leituras sempre que podiam, em tudo que é lugar, só para ouvirem os aplausos e os elogios aduladores. Suponho que quase todos, no fundo, sempre quiseram ser astros do rock e aquilo era o mais próximo que iriam chegar dos palcos. Não havia nada de errado nisso. Mas, no meu caso, sempre preferi o anonimato de um bar escuro ou do meu apartamento. Não gostava nem que tirassem minha foto. Rouba a alma, sabe.

Mas não era nada disso que eu queria dizer.

Como com tudo na vida, eu abria algumas exceções. Um amigo querido que eu e Morgan havíamos conhecido no jornal, Bill Monahan, acabara de lançar seu primeiro romance — e era um bom livro. Quando ele nos convidou para sua noite de autógrafos em Manhattan, confirmamos presença, apesar das nossas (pelo menos, das minhas) ressalvas em relação a esses eventos. Estava disposto a deixá-las de lado por uma noite. Morgan normalmente ficava com o pé atrás sobre eventos e festas tanto quanto eu, mas em ocasiões como aquela — que nos daria a oportunidade de encontrar pessoas que não víamos há muito tempo — decidimos que valeria a pena. Gostávamos muito de Bill e queríamos dar nosso apoio. Até aí, tudo bem.

Nós nos encontramos depois do trabalho, comemos alguma coisa e depois voltamos para Midtown.

Fiquei sabendo que o Carnegie Club era um point bem elegante. Não enxerguei nada, mas Morgan o descreveu em detalhes enquanto me guiava pelos primeiros convidados até os fundos, primeiro para cumprimentarmos Bill, que estava conversando com seu agente, depois para nos acomodarmos em uma mesinha de canto escura e confortável, cada um com sua cerveja.

— Sabe — disse eu, do nada —, as pessoas vivem me perguntando por que não arrumo um cão-guia. Já dei vários motivos: meus gatos, o tamanho do apartamento, ter que levar o bicho para passear duas vezes por dia.

— Sei — respondeu Morgan.

— Percebi uma coisa na semana passada, indo para o trabalho. Estava descendo a Rua 23, como sempre faço, e passei na porta do Retiro dos Cegos, como sempre faço também. — O Retiro dos Cegos é um prédio projetado exclusivamente para deficientes visuais.

— E aí?

— Aí que, como todas as manhãs, vi aquelas pessoas saindo do prédio com seus cães-guia. E foi então que saquei. Sabe qual o meu *verdadeiro* problema com os cães-guia?

— Qual?

— O fato de eles serem tão *derrotados*. São criaturas arruinadas. Não são nem mais cachorros. Não têm aquela alegria patética que os cachorros costumam ter. Não ficam pulando, latindo pros passarinhos, cheirando outros cães. Avançam lerdos pela rua, quase deprimidos. O adestramento os priva completamente de sua "canicidade".

— É mesmo, parecem uns robôs de carne e osso.

— Exatamente. — Momentos como aquele me esclareciam mais uma vez por que eu e Morgan nos dávamos tão bem. Podia conversar sobre qualquer assunto, sabendo que ela ia me entender.

Logo depois uma moça chamada Jane se juntou a nós, uma amiga de Bill que também trabalhara no jornal. Devia ter uns vinte e poucos anos, mas eu não tinha nada contra ela. Era uma moça muito inteligente.

Ficamos sentados no nosso canto aveludado, confortável, conversando e bebendo.

À medida que o Carnegie foi ficando mais cheio, comecei a ouvir o nome das celebridades que estavam prestigiando o evento — mencionados propositalmente bem alto, mas fingindo sutileza. Ao que parecia, a equipe inteira da coluna de fofocas do *Post* estava lá. Colunistas de revistas, jovens romancistas que eu jamais havia lido e outros tipos do mercado editorial dos quais eu jamais ouvira falar, mas que, supostamente, eram todos muito importantes. Nenhum deles despertara meu interesse em particular. Mas os convidados haviam comparecido em massa e, embora eu ficasse tenso em lugares lotados — ainda mais com aquele tipo de gente —, fiquei feliz por Bill. Parecia uma verdadeira festa de arromba, como diria mamãe.

Ficamos no nosso canto, conversando, bebendo. De vez em quando, alguém ia até o bar e trazia mais uma rodada. Tudo correndo bem.

Mas, em determinado momento, por volta das oito da noite, surgiram dois intrusos. Ao que tudo indicava, penetras se aproveitando do *open bar* e do público elegante.

A princípio, não tenho problema com penetras, tendo aprendido a sobreviver invadindo eventos alheios quando não havia outra opção. Mas, durante minha época de atividade, também aprendi as duas lições fundamentais da invasão profissional: jamais chame a atenção para sua presença e, o mais importante, não aja como um babaca (a não ser, é claro, que seja esse seu objetivo).

Deus sabe que ignorei essas regras em várias ocasiões — até mesmo nos últimos dois anos —, mas aquilo era diferente. Dessa vez, eu estava do outro lado, ainda que por acaso.

Aqueles dois aparentemente ainda não haviam aprendido essas lições fundamentais, uma vez que começaram a dar em cima de Jane de um jeito desagradável, inoportuno e nem um pouco criativo.

— Sabia que você tem todos os atributos físicos que estou buscando em uma mulher? — ouvi um deles dizer. — Você é muito gostosa.

Jane pediu, educada demais para o meu gosto, que a deixassem em paz, explicando que não estava interessada e que tinha namorado. Para nossa surpresa, eles se afastaram, só para voltar poucos minutos depois, com seus drinques recalibrados, para continuar a intromissão grosseira.

— Sabe — disse um deles, grudado em Jane de novo, a menos de dois metros de onde eu e Morgan estávamos —, você me dá o maior tesão.

Meu Deus. Já estive em muitos bares de quinta categoria na minha época, ouvi muitas cantadas medíocres e nada promissoras, mas pelo menos a maioria dos pinguços que se arriscavam em levar um fora se esforçava para ser inteligente.

Tendo escutado mais do que deveria, Jane finalmente se levantou, driblou os caras e saiu.

Assim que ela se mandou, os penetras tomaram seu lugar, acomodando-se em nossa mesa.

O que foi, claro, uma péssima ideia.

— E aí? — disse Morgan, puxando assunto ao perceber que os dois não pretendiam sair. — Vocês são de onde?

Percebi pelo tom de sua voz — carregada com um tremor ríspido, discreto, velado — onde ela queria chegar. A ideia era colocá-los contra a parede, obrigá-los a admitir que não haviam sido convidados para aquele evento e, muito menos, para sentar à mesa conosco. Então, com sorte, ela conseguiria expulsá-los de vez. Estávamos numa boa, conversando com Jane, até aqueles dois terem aparecido e estragado nossa diversão. Agora, era a nossa vez de dar o troco.

— Vim de Woodstock — respondeu o que estava sentado mais perto de mim. Eu não conseguia ver o sujeito, mas, a julgar pela voz, era um garoto. Depois fiquei sabendo que era bem mais velho, mas pela voz achei que tinha uns 20 anos. E era bem *convencido*. Carregado do que Morgan chama de "temperamento de reizinho".

— Ah, é? E o que você faz? — continuou ela.

Ele disse que fazia parte de um grupo de escritores. Ou, melhor, "grupo de escritores". O que já não cheira bem. Não sei o que é isso, mas me pareceu um saco. O amigo dele, como ficamos sabendo, trabalhava "na mídia". Seja lá que diabos é isso! Provavelmente, vendendo espaço publicitário. Ou consertando televisões.

(Volto a dizer: eu já não cultivava mais o desdém generalizado de outrora, mas não havia como negar que certas pessoas simplesmente faziam por merecê-lo.)

— E o que vocês estão fazendo aqui? — insistiu ela. Não responderam. — Vocês são amigos do autor? — Eles hesitaram um pouco e finalmente admitiram que não.

— Então — interrompi —, vocês nem sabem de quem é o evento, né?

Morgan sabe ser muito mais sutil do que eu para essas coisas.

— Claro que sim — respondeu o metido aboletado perto de mim, sem dizer mais nada.

— Hum-hum — retruquei, disparando a pergunta final: — Qual o nome dele?

Houve mais um momento de silêncio — bastante longo — antes de o metido responder: — Ahhhh...

— Parabéns! — aplaudi. Debrucei sobre a mesa e disse, na direção do sujeito: — Garoto, por que você não dá o fora daqui?

— Só estou sentado aqui curtindo meu drinque — respondeu ele.

— Ok, mas *nós* não queremos você sentado aqui conosco. Na boa, encontra outro lugar pra curtir o seu drinque. — Achei que estava sendo educado, mas firme. Ele não captou a indireta (que, parando para pensar, foi mais uma "direta").

— Só estou sentado aqui, curtindo meu drinque — repetiu ele. O sujeito era tão metido, convencido e abusado que comecei a ficar irritado de verdade. Senti uma pressão no crânio e tremores desagradáveis latejavam pelos meus braços, pela minha espinha.

— Sério, se manda. Dá o fora — disse, fazendo um gesto com a mão. Então, percebendo que eles podiam não entender a expressão, simplifiquei meu recado: — Meu filho, some daqui. — Ele nem se mexeu. Continuou bebericando seu martíni (martíni na mão de criança é um convite ao caos). Depois se recostou no assento, cruzou as pernas e *deu um sorrisinho sacana*.

Bem, aquilo foi a gota d'água. Morgan perdeu a paciência. Primeiro, o modo como ele assediara Jane e depois aquilo. Ela se levantou e, num movimento que provavelmente seria chamado de "escalada" na terminologia militar (ainda que uma escalada justificada), arremessou longe o copo de bebida gratuita do penetra. No escuro, escutei o vidro se espatifando sobre a mesa, respingando gotas de vermute e gim. Morgan não era de levar desaforo para casa — e eu a admirava por isso.

O filho da puta arrogante se levantou — achei que fosse para limpar as calças —, mas não. Ele partiu pra cima de Morgan, tentando dar um soco nela.

Pelo que ela me contou depois, ele nem chegou perto de acertar, mas não interessa. Só a tentativa já é algo inadmissível.

Antes mesmo que eu soubesse o que estava acontecendo, o sangue subiu à cabeça, fiquei descontrolado e, quando dei por mim, estava ajoelhado em cima do cara, apertando o pescoço dele com toda força.

Não parei para pensar que estávamos numa noite de autógrafos chique, em um lugar elegante, lotado de pessoas sofisticadas, e que, talvez, matar alguém não fosse exatamente apropriado. Não parei para pensar (só depois) que foi pura sorte não ter agarrado uma almofada, em vez do pescoço do moleque, o que teria sido patético. Assim que ele partiu pra cima de Morgan, eu me guiei pela sua voz irritante e mirei um pouco abaixo, na direção da garganta. Enquanto asfixiava o moleque, a única coisa que me vinha à cabeça era o que ele havia feito e como o pescoço dele era frágil, delicado. Eu sabia que, se continuasse apertando daquele jeito, meus dedos iam acabar se encontrando no meio. Era como apertar um balão de gás murcho.

E de repente acabou. Segundos após eu ter avançado sobre o cara, alguém me puxou e ele se desvencilhou de mim. Não lembro o que se passou direito, mas subitamente lá estava eu, novamente sentado no meu canto, e ele do outro lado da mesa, fora do meu alcance, a gola da camisa retorcida.

— Vou até a polícia prestar queixa! — ameaçou, bem alto para todo mundo ouvir. — Ele me *agrediu*!

— É? Pode ir — incentivou Morgan, sentada ao meu lado.

— Eu vou!

— Ótimo. Vai sim.

— Vou mesmo!

Mas não foi. Engraçado, só depois de já estar sentado, refeito, completamente tranquilo, relaxado, até mesmo purificado, é que parei para pensar. Se, por um lado, não sabia se Morgan devia ficar encorajando o cara daquele jeito, por outro, estava torcendo para ele ir mesmo até a polícia. Estava curioso para ouvir como ele ia contar a história aos tiras. Sobretudo depois que eu sacasse minha bengala vermelhinha.

— Deixa ver se entendi direito — diria o policial, depois de anotar a queixa —, o senhor está dizendo que foi atacado por um cego depois de ter tentado agredir uma mulher?

Logo, juntou gente à nossa volta, atraída pelos gritinhos do cara. Um amigo nosso, Sam — que havia sido editor no *Press* —, foi o primeiro a chegar à cena do crime, seguido por uma porrada de curiosos, e o penetra ficou lá explicando para todos que não tinha feito nada, que estava sentado quieto, curtindo seu drinque, quando parti pra cima dele, sem mais nem menos. Ninguém estava acreditando muito.

Ele e o amigo foram convidados a se retirar por forças mais persuasivas do que nós e acabaram indo embora.

Morgan e eu tomamos mais umas cervejas. Ficamos um pouco preocupados com a possibilidade de aquele breve incidente ter estragado a festa de Bill — era a festa dele, afinal de contas —, mas nos garantiram que estava tudo bem. A maioria dos presentes, inclusive Bill, só ficou sabendo o que aconteceu nos confins da mesa de canto dias depois.

Não dá para agir como aquele moleque e ainda querer se safar no final. Não de onde eu vim, pelo menos. Eu sei que as pessoas fazem essas coisas, ainda mais em uma cidade como Nova York. Também sei que eu mesmo me safei inúmeras vezes, mas não dá para alimentar essa esperança. Aí é que está. Infelizmente, as pessoas que agem assim nem sempre são devidamente punidas. Mas, pelo menos uma vez na vida, consegui arruinar as coisas para alguém que merecia.

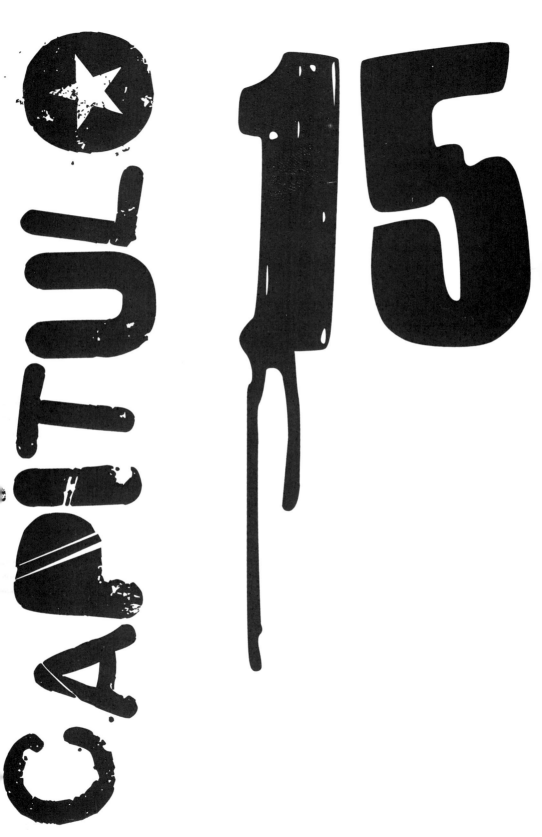

CAPITULO 15

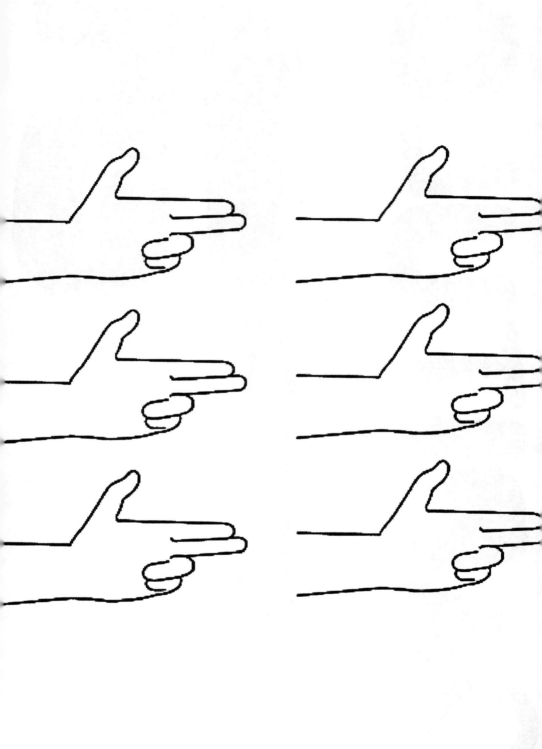

empre tive uma teoria de que quase todos os bares são ótimos nas tardes de domingo, mas verdadeiros pesadelos nas noites de quinta e sexta. Tinha um bar no Brooklyn, perto do meu apartamento, que era uma excelente opção para tardes de domingo e era lá que eu e Morgan estávamos naquele dia.

Era um velho bar irlandês chamado The Portal, que era simples, mas agradável. Tudo bem bonito em madeira, uma seleção decente de cervejas, uma *jukebox* razoável e um clima bem acolhedor. Tinham até um alvo de dardos nos fundos — uma atração cada vez mais rara nos bares de Nova York (que eu, por sinal, preferia evitar). Nunca tivemos nenhum problema lá e os bartenders eram sempre gentis e generosos.

Estávamos um pouco famintos e o Portal não servia comida (nenhum dos lugares que frequentávamos servia), então Morgan e eu compramos uns sanduíches no caminho, depois seguimos para o bar e chegamos lá uns dez minutos após eles terem aberto as portas. Pegamos nossas bebidas e arrumamos uma mesa nos fundos.

O sol tinha saído, mas o vento continuava chato naquela tarde. Eu passara uns quatro ou cinco dias trancado no meu apartamento, sentado torto em uma cadeira quebrada, grudado no computador. Minha cabeça doía, eu estava com as pernas dormentes e minhas costas tinham virado um festival de espasmos. Eu sabia que precisava me reabastecer com cerveja e calor humano de primeira antes da minha cabeça piorar — de vez.

E estava dando certo. Toda minha agitação estava se acalmando, a dor ia ficando para trás. Estávamos especulando sobre amigos que não víamos há muito tempo, comentando alguns crimes horríveis noticiados pela mídia naquela semana. Lá pelas duas da tarde, os sanduíches já eram uma lembrança agradável, a inevitável "lombeira pós-pastrami" começava a ficar para trás. Estávamos na nossa terceira rodada.

Outras pessoas haviam chegado e o bar começava a encher. Uma mulher estava sentada com um cachorrinho no colo.

Quando chegou a vez de eu ir buscar a quarta rodada, hesitei. Enquanto o bar ainda está vazio e o dia, claro, normalmente consigo distinguir as silhuetas das cadeiras e das mesas, buscar as bebidas e voltar para o meu canto sem incidentes. Mas, quando têm pessoas no caminho e meus olhos as reduzem a duas dimensões, em vez de três — bem, aí eu já não me garanto. Por isso Morgan é obrigada a se encarregar das bebidas, deslocando-se de um lado para o outro. Eu tinha ido buscar a rodada anterior, mas agora que o bar já estava bem cheio sabia que não seria fácil e acabaria derramando uns bons goles pelo caminho.

— Hummm, posso te pedir um favor? — perguntei a Morgan.

— Claro que pode — respondeu ela, pegando os copos vazios e indo até o balcão. Apanhei um cigarro no bolso e acendi.

Quando ela voltou alguns minutos depois, estava sorrindo. Ao colocar a bebida na minha frente, cochichou: — O seu outro "eu" está aqui.

— Ah, não, tá brincando!

Não precisei nem perguntar que diabos ela queria dizer com aquilo. Soube na hora. Não o víamos há muito tempo, mas eu já sabia que esse dia haveria de chegar, mais cedo ou mais tarde. Só lamentava ter sido justo ali, justamente no Brooklyn, num lugar que havíamos adotado como nosso após termos deixado o bar no qual ele se materializara pela primeira vez. Se ele resolvesse passar a frequentar o Portal também, eu não sabia para onde teríamos que migrar.

— Sabe a mulher com o cachorro? — perguntou Morgan. — Ele está com ela.

— Puta que pariu!

Para piorar, logo depois de ela ter me contado isso, o homem, a mulher e o cachorro se acomodaram numa mesa perto da nossa. Como ele sempre fazia.

— Ele descoloriu o cabelo — sussurrou Morgan, para que não a ouvissem.

Já é alguma coisa, pensei. Ou então era apenas um efeito colateral por ter passado tanto tempo banhado na Luz Sagrada de Deus. De todo modo, eu continuava odiando o cara do mesmo jeito.

Felizmente — ou infelizmente —, não havia nenhuma luz sagrada sobre ele naquela tarde. E, graças à precária luz natural do bar, eu não enxergava nada. Tinha que confiar em Morgan.

— Ele continua igualzinho a você — constatou ela. — Tirando o cabelo.

— Ele está de chapéu hoje? — perguntei, ainda preocupado.

— Não, nada de chapéu.

— E a testa continua maior do que a minha, não é?

Ela conferiu. — Hum-hum. Só um pouco. Os olhos dele são mais fundos.

O que era meio difícil de imaginar, já que um fotógrafo alemão certa vez comentara que minha testa tinha "um quê de macaco".

Assim como no outro bar, o Portal também tinha um gato, coisa que sempre me agrada em um bar — embora o do Portal estivesse escondido naquele momento. Assim que a mulher que estava com meu Outro Eu soltou o buldogue miniatura da coleira, a primeira coisa que ele fez foi disparar até a tigela de comida do gato, que ficava no chão, ao lado da *jukebox*. Ele cheirou a comida e depois voltou correndo para a mesa. Era um daqueles cachorros que não paravam quietos.

Um pouco depois, o cachorro já estava novamente fuçando a tigela do gato, só que dessa vez mergulhou a cabeça lá dentro e, num segundo, devorou toda a comida. Não satisfeito, foi para a tigela de água e quase a esvaziou também.

Nem a mulher nem meu Outro Eu se mexeram. Devem ter achado bonitinho, sei lá.

— Parece que a fase de sair por aí fazendo boas ações acabou, né? — comentou Morgan. — Agora ele está mais para escroto.

— É — concordei, contente em ouvir aquilo —, um verdadeiro *babaca*.

De repente, tive uma epifania, como dizem. Todos os detalhes começaram a fazer sentido.

Cabelo descolorido? Cabelo loiro-platinado em um homem raramente é uma boa ideia, nem mesmo quando o homem em questão é Klaus Kinski. E o lance do cachorro hiperativo também — se Jesus conseguiu arremessar uma manada de porcos (possuídos pelo demônio ainda por cima) despenhadeiro abaixo até o mar, então esse cara, abençoado como parecia ser, obviamente seria capaz de conter um cachorro para que não devorasse a comida de um pobre gato de bar. E, para completar, sua aura de luz divina havia desaparecido.

— Não era uma aura de luz divina — disse Morgan. — Ele estava sentado em frente a uma janela.

— Não, não, tenho certeza de que era uma aura de luz divina. Direto de Deus.

— Era a luz da rua, pela janela.

— Mas, quando vimos o cara pela primeira vez, era noite.

— Lógico que não.

Mesmo assim, insisti. Não tinha a menor dúvida de que a aura de luz estava lá quando o vimos pela primeira vez. Mas agora havia desaparecido. Qual seria o significado disso? Teria ele perdido os seus poderes?

Tenho plena consciência de que, para a maioria das pessoas, saber que existe um desconhecido parecido com elas não mereceria mais do que um "imagina só, que coisa". Quiçá um comentário à mesa de jantar, prontamente esquecido. Então, o que estava acontecendo ali comigo?

Bem, em primeiro lugar, houve o raio de luz direto da mão de Deus. Na minha concepção, ele fora enviado à Terra para fazer Boas Ações, possivelmente só para me deixar mal. Para cumprir sua missão da melhor maneira, ele precisava dar uma passada no bar toda noite, para sugar minha energia vital. Como abandonamos nosso point, ele me perdeu de vista e, consequentemente, ficou privado do seu combustível energético. Então, cansou de ser bonzinho e decidiu enfiar o pé na jaca de vez, dedicando-se a um excesso desenfreado de babaquice.

Talvez tenha havido um momento específico, um ponto crítico nos últimos meses ou anos, quando o Outro Eu assinou seu próprio contrato e trocamos de lugar. Não que eu saísse pela vida praticando boas ações, mas pelo menos não estava descolorindo a porra do cabelo, nem deixando meu cachorro solto por aí.

Como das outras vezes, não troquei uma única palavra com ele enquanto dividíamos os fundos do bar naquela tarde. Espremi os olhos descaradamente várias vezes, tentando enxergar os cornos do cara, e Morgan ficou especulando mil coisas, mas não confrontei o sujeito. Confesso que estava curioso, mas no fundo sabia que não daria em nada. De que adiantaria, afinal? Mesmo que não rolasse nenhuma megaimplosão matéria/antimatéria, eu poderia sair chamuscado do encontro. Só sei que quando ele, a mulher e o cachorro foram embora não me senti vítima de um terrível roubo ectoplasmático, como das outras vezes.

Fiquei com vontade de saber se ele estava sentindo isso agora.

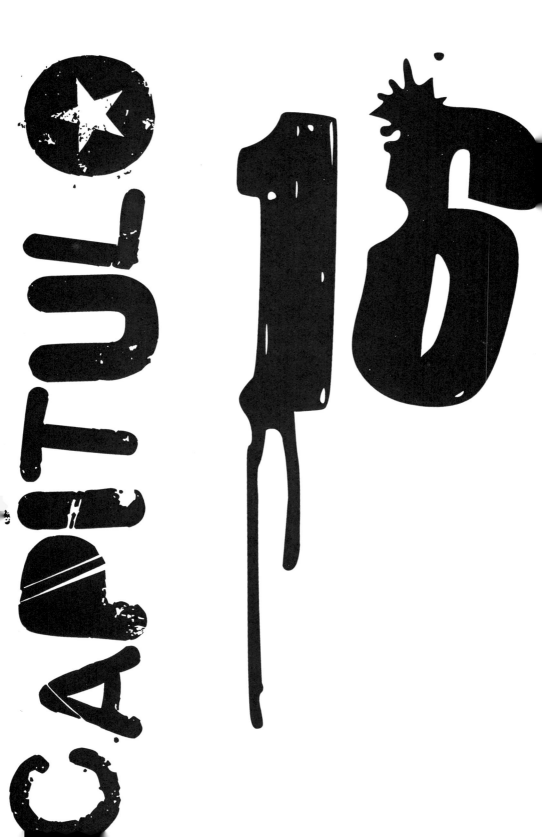

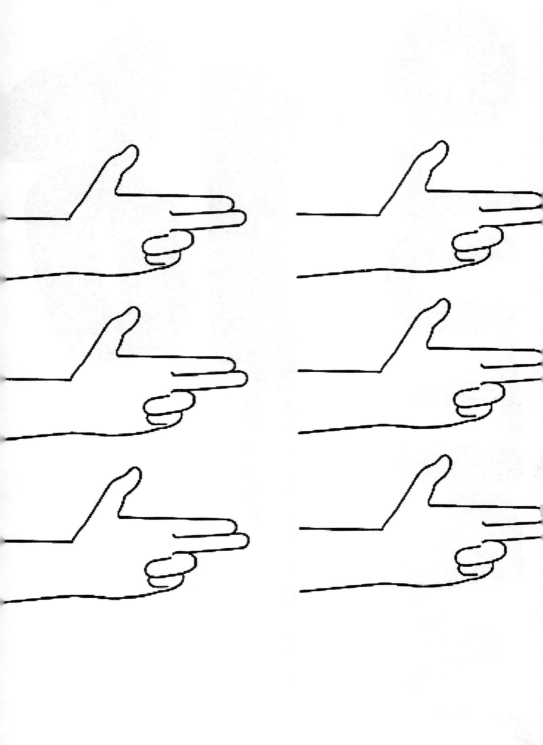

 ssa história de "me vender" sempre foi meio complicada para mim. Quando Grinch e eu nos apresentávamos como The Pain Amplifiers, concordamos desde o início que iríamos nos vender, barato ainda por cima, na primeira oportunidade que tivéssemos. Se alguma megacorporação nos quisesse em um anúncio de bebida saudável, de aromatizante de ambiente ou de sistema de som para carro — negócio fechado.

Essa oportunidade nunca surgiu. As plateias em geral atiravam coisas na gente e os donos dos bares nos colocavam porta afora.

Pensei que com esse lance de escrever fosse acontecer a mesma coisa. As pessoas iam me detestar ou simplesmente ignorar minha existência, então a questão de ter de me vender ou não jamais seria um problema. E, se fosse, por acaso, eu faria de tudo para evitá-la. Porque tudo que eu tinha, havia conquistado por ser um cachaceiro mal-humorado e preguiçoso. E era assim que pretendia continuar.

Como o magnífico Sterling Hayden disse certa vez: "Para ser realmente desafiadora, uma viagem, assim como a vida, deve ter como fundamento uma base sólida de intranquilidade financeira. Se você está contemplando uma viagem e tem recursos, desista da empreitada até a sua sorte mudar. Só então você poderá entender a real natureza do mar."

Lembrei-me disso quando, na época em que trabalhava como recepcionista no jornal, um sujeito me ofereceu um trabalho de dublagem para comerciais de fraldas geriátricas na televisão.

— Você tem exatamente a voz que estamos procurando — disse ele.

— Ah, não é exatamente o que gostaria de fazer da vida — respondi, embora o dinheiro viesse a calhar.

Logo depois que desliguei o telefone, percebi o quanto poderia ter sido bizarro e engraçado e lamentei não ter topado a parada.

Assim como hesitei durante anos, até finalmente decidir que escrever livros talvez não fosse uma saída assim tão ruim, no fim das contas.

Nem sei direito se tinha noção do que poderia ser configurado como "me vender" no meu caso. Mesmo que não tivesse nada a ver com dinheiro, mesmo sem ter me tornado anunciante de fraldas geriátricas, ainda estaria me vendendo se meus textos deixassem de soar duros, cruéis e inspirados pelo álcool? Lembro-me quando era mais novo e pegava os discos das minhas bandas favoritas de como ficava decepcionado quando o disco novo não era igualzinho ao anterior — quando eles resolviam do nada entrar numa fase reggae ou partir para a música eletrônica. A mesma coisa acontecia com meus autores e diretores de cinema favoritos. Eu queria que eles continuassem sempre iguais. Meu interesse por um documentário do Orson Welles sobre um moleque mexicano e seu burrinho ou um livro piegas de Hubert Selby era nulo.

Isso mudou quando fiquei mais velho e passei a valorizar pessoas capazes de evoluir. Posso ainda não admirar quem evolui para música eletrônica ou passa a gostar de astrologia, mas paciência, sou assim. Os escritores, diretores e bandas que continuaram a fazer sempre tudo igual alegando que "as pessoas querem mais do mesmo" não só começaram a me cansar — passaram a me deprimir. Eles me pareciam mais vendidos do que todo mundo.

Essa preocupação — bem como a frase de Sterling Hayden — tornou a surgir depois que escrevi meu primeiro livro e fui obrigado a viajar em uma turnê que incluía dez cidades para promovê-lo. Colocar um cego numa turnê pelo país já é uma péssima ideia. Mas, quando pensei que a tortura tivesse chegado ao fim — o dia em que ia voltar para o Brooklyn, para Morgan, para os gatos —, recebi uma ligação do meu agente, avisando que eu precisava fazer outra parada. Em vez de voltar direto para casa de São Francisco naquela tarde, eu tinha que pegar um avião para Los Angeles.

Estive algumas vezes em Los Angeles quando era pequeno, visitando uns parentes, e me diverti muito. Fomos conhecer os estúdios da Universal, o parque Knott's Berry Farm e a praia. Mas, quando voltei depois de adulto, no final dos anos 80, tive uma impressão bem diferente. Vi a cidade como ela realmente é: um buraco no meio do deserto, horroroso, desprezível. Um dos lugares mais feios do planeta. Eu não tinha a menor vontade de voltar lá novamente — muito menos quando o que eu mais queria na vida era ir para casa, dormir.

O motivo da parada extra, segundo me informaram, era uma reunião com uns produtores de tevê interessados em transformar meu livro em um seriado. Quase vomitei só de pensar, mas concordei em me encontrar com eles. Até mesmo porque não tinha muita escolha.

Desembarquei no aeroporto de Los Angeles e fui recebido pelo sr. Wilson — um cicerone profissional de autores, também de Winsconsin —, que me informou que a reunião seria num lugar chamado House of Blues. E uma espécie de Disneylândia do blues e do jazz, um bar imenso no centro da cidade, fundado por um comediante que já perdera a graça há muito tempo.

Levamos quase uma hora do aeroporto até lá, de carro. Eu estava suado, com a roupa pinicando meu corpo, exausto, doido para tomar um banho. Precisava de uma bebida. O "cenário" também não ajudava. Adoro cinema, mas só Deus sabe como eu detestava todas as coisas ligadas à sua produção.

O sr. Wilson parou o carro em um pequeno estacionamento atrás do bar e lá fomos nós. Depois que entramos, nos conduziram a um lounge no segundo andar.

Não havia janela e estava tudo escuro, ou seja, não enxerguei absolutamente nada. Fui guiado até um sofá, sentei e comecei a tatear a mesa à minha frente.

— Os produtores já estão chegando — disse o sr. Wilson. — Eles estão em outra reunião aqui do lado... Você está procurando alguma coisa?

— Um cinzeiro — respondi, concentrando todo o meu foco na busca.

Ele me lembrou que, desde minha última visita a Los Angeles, a cidade havia sucumbido aos chatos antitabagistas e eu me lembrei que era por essas e outras que temia pelo futuro do país.

— Merda — reclamei.

— Posso te arrumar alguma outra coisa?

— Estou louco por uma cerveja.

— Ih, foi mal, o bar está fechado. — Eram quatro horas da tarde.

— Então eu não posso fumar, nem tomar uma cerveja? Meu Deus, acho que estou começando a entender por que o povo aqui só ouve blues.

Justo nesta hora, os dois produtores chegaram. Eram completamente diferentes do que eu havia imaginado. Dois jovens, com seus vinte e poucos anos, pelo que pude distinguir no breu, usando aquelas túnicas brancas com gola chinesa.

— Você quer alguma coisa antes de começarmos a reunião? — um deles me perguntou. Pareciam a simpatia em pessoa.

— Cerveja, por favor — respondi, sentindo que insistir no cinzeiro seria inútil. Eu estava naquela de aceitar qualquer coisa. Para minha surpresa, eles me arrumaram — demoraram, mas conseguiram. Resolvi escutar o que tinham a dizer.

Depois de se acomodarem no sofá à minha frente, começaram, como eu já imaginava que devia ser a praxe, a elogiar meu livro de maneira tresloucada e absurda. Ergui a mão para detê-los.

— Olha só — interrompi —, vocês não precisam puxar meu saco descaradamente. Estou aqui. Vamos direto ao assunto, digam o que estão a fim de fazer.

Tive a impressão de que nem eles sabiam direito. Um seriado de tevê, isso era certo. Um seriado que talvez eu mesmo pudesse escrever. Fui logo avisando que não tinha o menor interesse naquilo. Para falar a verdade, a ideia em si não me agradava nem um pouco, porque eu tinha certeza de que iam fazer merda (até mesmo porque eles *sempre* fazem merda nessas adaptações). Mas, tendo concordado em ouvir o que tinham a dizer, eu não tinha alternativa a não ser escutar os caras até o final.

— Mas não vamos suavizar nada, não — um deles me garantiu.

— Isso aí — concordou o outro. — Vai ser supervanguarda. Tipo *Ally McBeal.*

Só não cuspi o meu gole porque queria economizar a cerveja. *Ally McBeal* era um seriado muito popular na época, sobre uma jovem advogada sexualmente frustrada que trabalhava num escritório de advocacia repleto de advogados jovens, atraentes e sexualmente frustrados. Foi ali que parei de escutar. Fui educado durante as duas horas seguintes — sobretudo quando me trouxeram outra cerveja —, mas não escutei mais nada. Aquilo já tinha sido o bastante.

Quando terminaram, levantei, cumprimentei os dois e disse:
— Vamos ver.

No caminho de volta para o aeroporto, comentei com o sr. Wilson: — Olha, se eles fizerem este seriado e for uma merda, estou fodido. E se fizerem e ficar ótimo, e virar um sucesso... Estou fodido do mesmo jeito.

Quando me senti culpado por estar ganhando um dinheirinho extra escrevendo livros, lembrei-me de duas coisas. Primeiro, que eu não estava ganhando tanto assim. Não estava recebendo aqueles adiantamentos de um milhão de dólares que falam por aí. Na verdade, era uma mixaria, especialmente pelos padrões nova-iorquinos, mas, mesmo assim, mais do que eu jamais ganhara na vida.

Também me lembrei dos velhos tempos de vacas magras, comendo saltines e bebendo água da bica e vinhos baratos de países dos quais nem sequer ouvira falar. Vendendo meu plasma até ficar doente para ganhar algum dindim como cobaia de pesquisas médicas num lugar chamado Instituto de Pesquisas sobre a Dor. Época em que me preocupava se ia conseguir pagar o aluguel ou arrumar dinheiro para alimentar meus gatos. Sterling Hayden à parte, não tenho dúvida de que passei bastante tempo na merda e não havia absolutamente nada romântico nisso.

Claro que a grana do seriado teria sido bem-vinda, mas eu jamais toparia um negócio daqueles — não depois da referência a *Ally McBeal*. E o dinheiro das fraldas geriátricas também teria caído bem, mas Morgan e eu nos virávamos muito bem, obrigado. Não éramos pessoas extravagantes. Juntando nossos trocados, tínhamos o suficiente para comer bem, frequentar bares, ir às corridas de vez em quando, alimentar nossos gatos. E ainda sobrava dinheiro no final do mês.

CAPÍTULO 17

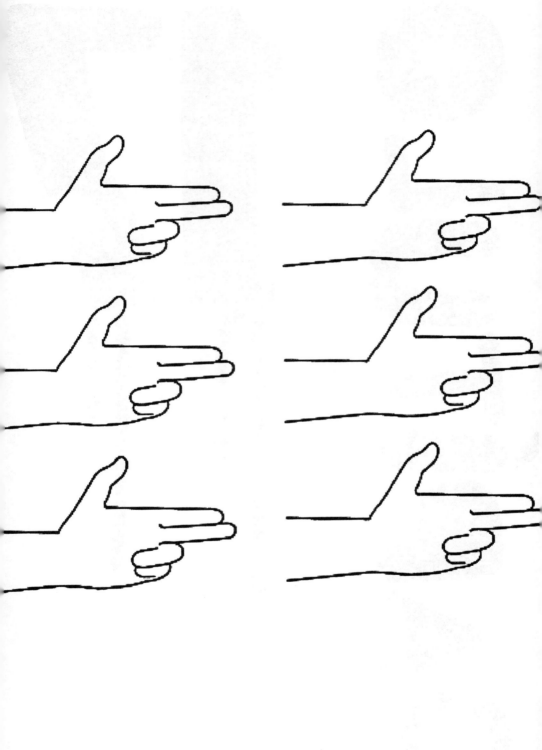

ra uma terça-feira, início de setembro. Quase dez anos após minha primeira visita. O calor típico do final do verão que nos afligira nas semanas anteriores finalmente abrandara e eu estava me sentindo velho e cansado.

Eu conseguira dormir pela primeira vez em três dias na noite anterior. Não sei por que não estava conseguindo dormir antes — talvez fosse o calor, talvez a mudança de estação ou a lua cheia. Ou então as manchas solares. Manchas solares podem ser responsáveis por uma porrada de coisas. Mas finalmente consegui ter uma noite de sono e acordei, pela primeira vez em um bom tempo, me sentindo livre, desimpedido. As alucinações provocadas pelo cansaço já eram coisa do passado.

Depois de me arrumar — tomar banho, comer, tomar meus anti-convulsivos —, fui até a janela, senti a brisa fresca e vi que o sol brilhava. Peguei o telefone e liguei avisando que não ia trabalhar, coisa que nunca tinha feito na vida. Não dei nenhuma desculpa, não fingi estar doente nem nada. Simplesmente avisei que não ia trabalhar naquele dia. Depois, liguei para Morgan e descobri que, por acaso, ela também estava com o dia livre.

Depois que desliguei, dei uma geral no apartamento. Coloquei mais ração para os bichos. Calcei os sapatos, pus meu chapéu, verifiquei se tinha tudo de que precisava nos bolsos — carteira, chaves, moedas — e parti para o metrô.

Vinte minutos depois, um trem chegou à estação. As portas se abriram e Morgan colocou a cabeça pra fora, acenando para mim. Fui até o trem, ela estendeu a mão e me conduziu até um assento. As portas tornaram a fechar e o trem partiu.

Quarenta e cinco minutos depois, paramos numa estação ao ar livre que reconheci de cara, embora jamais pudesse lembrar o nome.

— É aqui — disse.

— Tem certeza?

— Absoluta. — Já fazia muito tempo que eu estivera lá e, desde então, minha visão piorara bastante. Não sei; vai ver reconheci a estação pelo cheiro.

Saímos do trem e seguimos a direção do fluxo, acompanhando as pessoas que saltaram conosco. Descemos dois pequenos lances de escada, passamos pelas catracas e voltamos à luz do sol.

Morgan estava prestes a me guiar por uma passarela arqueada que dava no New York Aquarium quando a detive. Não queria ir ao aquário. O lugar era legal e tudo, mas eu não estava a fim de cair lá naquele dia. Em vez disso, a conduzi por uma rampa que desembocava direto na Surf Avenue, logo no início da longa faixa de lojas de quinquilharias russas. Tudo continuava exatamente como eu me lembrava.

Do outro lado da rua, a montanha-russa adormecida repousava sob o sol.

Caminhamos pela Surf Avenue até a casa que abrigava o velho carrossel. A música rolava estridente, mas os cavalos estavam parados. Um pouco mais adiante, ficava a lanchonete Nathan's, famosa por seu cachorro-quente, ainda exibindo o velho letreiro em neon verde na calçada.

Atravessamos a rua e comecei a conduzir Morgan pelo mesmo caminho deserto que eu fizera anos atrás, dois dias depois de ter me mudado para Nova York.

Muita coisa mudara. Bobby Reynolds não estava mais lá, apresentando o Bebê de Duas Cabeças e o Rato de 45 quilos — talvez estivesse de férias, ou ido embora de vez. Na dúvida, me vi torcendo para que os politicamente corretos não tivessem acabado com eles também, assim como acabam com todas as coisas boas no mundo. As novas atrações moderninhas estavam abertas, mas passamos direto. Já tínhamos visto outras vezes e, ao contrário do bebê de duas cabeças, perdiam a graça depressa.

— Olha, um anão — sussurrou Morgan, puxando a manga da minha camisa.

Apertei os olhos, tentando enxergar, e não é que ela tinha razão? Alguns metros à nossa frente, lá estava o sujeito. Um anão negro, usando macacão, caminhando pela calçada com as pernas arqueadas. Ele parou, acenou e depois chamou um pessoal do outro lado da calçada, atravessando a rua em seguida para ir falar com eles de perto.

— Cruzar com um anão negro dá sorte — comentei.

As cercas de arame com lâminas pontiagudas continuavam lá, assim como as abelhas gigantes. Tinham recebido uma nova demão de tinta e estavam bastante apresentáveis. Chegavam a reluzir sob a luz do sol.

Apertei a mão de Morgan de leve e continuamos andando. Eu queria conferir o Portal do Inferno — há anos disfarçado como um trem-fantasma.

Logo que paramos diante do Poço do Inferno e eu comecei a estudar a pintura da fachada, tudo me pareceu normal. Tinha sido pintado novamente. Agora, as cores predominantes eram o azul e o cinza — antes eram o preto e o vermelho — e já não se viam tantas chamas. Mas ainda parecia exibir uma quantidade razoável de monstros.

— O "Poço" dos Fantasmas? — perguntou Morgan.

— Não, não... é o Poço do Inferno.

— Aqui está escrito "Poço dos Fantasmas".

Olhei para cima e, realmente, o nome pintado no topo com letras enormes era POÇO DOS FANTASMAS.

Peraí, isso é ridículo, pensei comigo mesmo. *Não faz o menor sentido.* — Devem ter sido obrigados a trocar o nome, depois que aquela mulher acabou desfigurada aí dentro, uns anos atrás. O nome da atração é "Poço do Inferno", caramba, o que ela estava esperando? A culpa foi dela.

Mas não tinham mudado só o nome. O aviso 𝕯𝕰𝕴𝕏𝕬𝕴 𝕿𝕺𝕯𝕬 𝕬 𝕰𝕾𝕻𝕰𝕽𝕬𝕹𝕮𝕬 também desaparecera. Pior ainda: tinham dado sumiço na gárgula demoníaca que ficava empoleirada lá em cima. Admito que ela foi substituída por um monstro alado sinistro, mas podia ser o King Ghidorah que não seria mais a mesma coisa. Pelo menos para mim.

— Continua bem assustador — comentou Morgan.

— Ah — suspirei, frustrado —, mas não é mais a mesma coisa. A não ser que estejam tentando disfarçar, para que ninguém perceba que na verdade é o Portal do Inferno. Para arrebanhar mais almas. Nesse caso, tudo bem.

— Você tem que admitir que o demo ali em cima é foda — comentou ela.

Olhei para cima e suspirei novamente, mas, ainda assim, contente de estar ali, apesar de tudo. Continuamos andando em direção ao Boardwalk.

Assim como da primeira vez, a temporada se encerrara semanas antes, então quase tudo estava fechado. Os portões cerrados, as cercas trancadas. Todas as atrações — a montanha-russa Cyclone, a roda-gigante Wonder Wheel — estavam paradas, silenciosas. Só se ouvia o vento sibilando pelas grades.

— Tá com vontade de comer alguma coisa?

— Será que tem algum lugar aberto?

— Deve ter sim. A gente consegue um cachorro-quente, um enroladinho de salsicha. Uma fritura qualquer.

— Uma cerveja cairia bem — disse ela.

— Também acho. — Olhei as horas. Onze e meia da manhã. Por um breve momento, fiquei preocupado de termos chegado muito cedo. A maioria dos bares na cidade só abre depois de uma da tarde. Mas, depois de termos caminhado alguns metros pelo Boardwalk, que estava livre e sem movimento, ficou óbvio que eu estava me preocupando à toa. Eu devia saber que as regras que governavam Coney Island eram outras.

Ao lado do sujeito que vendia cachorro-quente, enroladinho de salsicha, mariscos na chapa e outras frituras não identificadas, ficava o Ruby's, a tradicional taverna de Coney. E, o que era melhor, funcionando. Na beira do calçadão, com seu assoalho de cimento e suas paredes cobertas com centenas de fotografias em preto e branco emolduradas, lembranças eternizadas de todo um século em Coney Island. O Luna Park depois do incêndio. Uma mulher gorda enfiada num maiô preto, estendida sobre a neve na praia. O tradicional desfile Mermaid Parade.

Vários homens e mulheres mais velhos estavam sentados no bar, banhados pelo sol, perto do mar, cervejas em punho às onze e meia da manhã, cachorros-quentes ao seu alcance.

Eu já estivera no Ruby's outras vezes. Morgan inclusive estava comigo na última vez. Mas foi somente naquele dia que ficou óbvio para mim que o Ruby's era o bar dos meus sonhos. O Portal do Paraíso não muito distante do Portal do Inferno. Fazia muito sentido.

Comprei um cachorro-quente para Morgan e um enroladinho de salsicha para mim. Quase todos os lugares do bar já estavam ocupados. Sentamos a uma das mesas menores, com o tampo arranhado, gasto. Morgan trouxe as cervejas.

Naquele exato instante, uma *jukebox* ao nosso lado começou a tocar, estridente:

"Come ona my house to my-y house..."

Sorrimos e demos um gole na nossa cerveja.

Sem que eu soubesse por que, a lembrança da noite de autógrafos e das minhas mãos apertando o pescoço molenga daquele garoto me veio à cabeça.

* * *

Já não sou mais um sujeito durão. Muito pelo contrário. Mas, para um velho cego e cansado, acho que mandei bem naquela noite. Talvez houvesse um quê de Vovô Roscoe em mim. Adormecido, mas ainda lá, e isso me deixava satisfeito.

A única coisa que me assustou um pouco depois de ter tentado matar aquele garoto foi admitir que a sensação que experimentei ali foi *boa pra caralho*. Às vezes, a estrada para o paraíso é um saco. Mais do que isso até. Às vezes, é um caminho falso, inútil e perigoso. Nem sempre, nem mesmo de modo geral — só às vezes. E, às vezes, para que possamos nos sentir vivos novamente, para nos sentirmos humanos, temos que fazer as pazes com nosso lado animal. O que chamamos de sentimentos primários e negativos são necessários quando sabemos tirar bom proveito deles. São bastante úteis para nos oferecer novas perspectivas e parâmetros de comparação e, às vezes, simplesmente para nos divertir. Ainda me arrependo de alguns dos meus atos de violência e crueldade, mas o episódio da noite de autógrafos não está entre eles.

Deus sabe que estou longe de ser um Hemingway. Não saio por aí provocando elefantes, dando murros em peixes-espada ou coisas do gênero. Mas já era alguma coisa. Era como voltar aos velhos tempos. Só que daquela vez, assim como o meu avô Roscoe, eu tivera um motivo para meus atos — um bom motivo.

Hemingway é um escritor que só passei a apreciar depois que fiquei mais velho. Talvez muito mais velho do que deveria. Na verdade, foi somente quando o simples prazer da leitura ficou praticamente perdido para mim, quando fui obrigado a ouvir Hemingway em audiobooks (lidos por tiozões como Charlton Heston, Brian Dennehy ou o ótimo Stacy Keach), que ele finalmente me atingiu.

Em um conto chamado "Pais e Filhos", um trecho no qual Nick Adams descreve seu pai ficou na minha cabeça:

Mas ele também era sentimental, e como a maioria dos sentimentais, era ao mesmo tempo cruel e maltratado. Fora vítima de um azar retumbante, não só o seu. Morreu em uma armadilha que ele próprio contribuiu para engendrar, e todos o traíram, cada um ao seu modo, antes de ele morrer. As pessoas sentimentais vivem sendo traídas.

Acaso "sentimental" era a palavra certa para o que eu havia me tornado? Não creio. Embora *O Caminho da Vida, O Mensageiro do Diabo*, o terceiro ato de *Parsifal* e os discos de Stan Rogers sempre me façam chorar, prefiro autores revoltados e filmes cruéis. Além disso, não me sentia particularmente "traído" por algo ou alguém, exceto por mim mesmo e pelo meu corpo. E, mesmo assim, não nos últimos tempos — e mesmo antes, só em ocasiões raras e bem específicas.

Então não era nada disso, mas algo havia acontecido. Lembrei-me da minha reação diante dos moleques no metrô. Aquele desprezo enfadado de velho resmungão que às vezes surge quando você se reconhece demais em outra pessoa ou pensa que deixou uma parte sua para trás, em uma geração mais nova.

No início, atribuí tudo isso a "amadurecer", "crescer", mas me pareceu uma desculpa muito esfarrapada, sobretudo quando boa parte do que fiz e pensei continuou a me parecer definitivamente imatura. Mais do que isso: achei que estava apenas ficando velho e diminuindo meu ritmo. Mas, mesmo quando tinha meus trinta e poucos anos, o meu corpo já não conseguia executar as mesmas proezas — em grande parte devido aos excessos que executara *antes*.

Outra explicação viável era simplesmente o Tegretol, o anticonvulsivo que eu tomava todo dia para controlar os ataques. Estudos recentes demonstraram que o Tegretol também era bastante eficaz como estabilizador de humor e, por isso, funcionava bem para maníacos-depressivos. Isso também poderia ajudar a entender por que não me sentia mais sufocado por depressões suicidas, nem explodia de raiva com tudo que via (ou não via). Eu, obviamente, estava longe de ser o sujeito mais alegre do planeta em tempo integral. Porra, se você não fica realmente puto de vez em quando, você não é humano, sinto muito. Mas, mesmo quando perdia o controle, não sentia mais aquela fúria selvagem de outrora. Vai ver eu estava apenas reprimindo minha ira e, quando desse por mim, já teria arregimentado um exército de anões assassinos, soltos por aí praticando o mal no meu lugar (o que, vamos combinar, não deixa de ser *bem* legal).

Porém, parando para pensar a respeito, não tinha a sensação de estar reprimindo nada. Até mesmo aqueles caroços e pústulas medonhas que haviam surgido no lado esquerdo do meu corpo tinham diminuído e depois desaparecido de vez, por conta própria. O cisto no meu tornozelo sumiu sem que eu sequer precisasse procurar assistência médica. É claro que volta e meia essas coisas escapavam de mim novamente — um espasmo facial ou uma faísca de ira —, mas, na maioria das vezes, dava para associá-las como resultado direto de estar bêbado, cansado ou ensopado de suor.

Uma explicação melhor talvez fosse que eu, com a experiência, tivesse entendido que a maioria das coisas com as quais deparamos diariamente, tanto as boas quanto as ruins, são tênues, efêmeras e simplesmente não vale a pena ficar todo estressado por causa disso. O mundo está cheio de pequenas chatices que não têm jeito e simplesmente não merecem a irritação que parecem provocar em tantas pessoas. Se de fato é algo que não tem jeito, a melhor coisa a fazer é lidar com o problema ou ignorá-lo, seja ele uma cegueira ou o metrô entupido na hora do rush. A cegueira não tem jeito, então o melhor a fazer é aprender a viver com ela.

O que não impede as pessoas de saírem por aí pisando duro pela cidade em uma fúria perpétua — pessoas para quem qualquer coisinha é motivo de um ataque de raiva espumante e histérico, para quem qualquer coisinha é uma baita injustiça. Não consigo deixar de pensar: *bem, não é, não.* Algumas coisas simplesmente acontecem. A *maioria*, eu diria. E grande parte do que parece injusto quase sempre é produto da mais pura e inescapável estupidez humana. E que diabos podemos fazer a respeito, me digam?

Meu problema com essas pessoas eternamente irritadas é que, embora possam ser superengraçadas com seu jeito à beira de um ataque de nervos por um tempo, elas sempre acabam me cansando no final.

(Exceto Louis-Ferdinand Céline. Ele remoeu sua amargura até o final, graças a Deus.)

Passei a olhar para as pessoas — gente comum, rostos que a gente vê por acaso na rua, nas lojas, no metrô, nos bares. Pessoas que pareciam estar levando a vida relativamente bem. Que pareciam estar no mínimo à vontade. Muitas eram bastante simpáticas, gente simples, educada. Não se metiam na vida de ninguém e gostavam de permanecer invisíveis. Lidavam com seus próprios problemas, cada uma ao seu modo, e evitavam mobilizar todos à sua volta por causa disso.

Mas também encontrei muitas pessoas insuportáveis. E sem necessidade. De forma consciente ou não, pareciam realmente se esforçar para tornar a vida de todos que cruzavam seu caminho um pouco menos agradável. E, o pior, não tinham um pingo de imaginação. Atormentavam pobres garçonetes desafortunadas e balconistas de lojas. Falavam berrando no celular, atropelavam os outros no metrô e furavam filas. Impunham seus filhos pirracentos em restaurantes até então silenciosos e obstruíam as calçadas arrastando sem pressa seus bebês em carrinhos para gêmeos. Podem até ser infrações menores, mas realmente começaram a me afetar. Não era apenas um sintoma de Nova York. Na verdade, os nova-iorquinos em geral são muito mais afáveis e educados do que se pensa. Não, os babacas estavam em todos os lugares e eu queria saber por quê.

Todos nós perdemos tempo diariamente arruinando as coisas para os outros, discreta ou ostensivamente. Pisamos no pé de alguém, ou deixamos uma porta bater em sua cara. Aceitamos o crédito por um trabalho feito por outra pessoa, roubamos dos deficientes, decidimos limpar uma arma carregada na mesa da cozinha, confinamos reféns no quarto dos fundos ou lançamos na atmosfera algo capaz de exterminar centenas de vidas.

Alguns desses atos podem parecer insignificantes na hora, mas até mesmo os que esquecemos permanecem conosco, vão se acumulando, corroendo nossa alma, e se transformam em ressentimentos enormes e resistentes — ou até em coisas piores. Infelizmente, nunca paramos para refletir sobre o assunto.

Eu tinha plena consciência de que havia sido um babaca bem consciente, quase fanático, até pouco tempo atrás e tentava não agir mais assim.

Depois que meu corpo começou a se desintegrar (especialmente os olhos e o cérebro), minha filosofia básica e operante, se posso chamá-la assim, passou a ser "Se vira". Não queria viver me lamentando, me tornar outra vítima profissional. Até porque já existem muitas vítimas por aí e eu pouco me lixava para elas. Não foi sequer uma decisão consciente — simplesmente nem considerei qualquer outra opção. Fui criado assim. Se as coisas não saem como você espera, paciência; aprenda a se virar e aceitá-las como são.

Embora esta ainda continuasse valendo, acrescentei outra filosofia de meia-tigela ao meu repertório ao longo dos anos — uma espécie de corolário do "Se vira": "Não seja um merda."

O que não significa que tenha me tornado um chato de galochas otimista com o coração repleto de alegria e uma palavra de carinho até mesmo para o mais reles dos canalhas. Longe disso. Mas escolher não ser um merda fazia sentido. Até mesmo de uma maneira egoísta fazia sentido. Você quer ser bem atendido em uma loja, um restaurante ou uma agência governamental? Então não seja um merda. Lembre-se de que, na maioria dos casos, as pessoas com as quais está lidando podem estar tão estressadas quanto você e atravessando suas próprias crises, então tenha o mínimo de paciência — e dê uma boa gorjeta. No meu emprego no jornal, se eu quisesse, digamos, que alguém do Departamento de Polícia de Nova York me desse alguma informação sobre um caso, descobri que, se fosse gentil e pedisse com educação, eles me contavam tudo que eu queria saber e mais (com exatidão, ainda por cima). Agora, se agisse como um babaca arrogante, não me informavam nada e minha matéria não ia para frente.

Quanto mais você tenta, mais fácil fica. A maioria das pessoas já tem problemas o suficiente e uma pequena mudança de atitude torna tudo mais simples. Não seja um merda com as pessoas que elas não serão uns merdas com você. Nem sempre, é claro, como já observou William Burroughs, algumas pessoas não passam de uns merdas.

Parece óbvio e banal, mas poucos fazem isso e acabam tendo mais coisas para se queixar, mais vidas para infernizar e mais munição para encher o nosso saco.

Estou certo de que existem outras maneiras mais eloquentes e profundas de expressar essa filosofia, mas "Não seja um merda" dá conta do recado para mim.

Em outras palavras, se você é um merda, passa o resto da vida achando que ninguém vale nada também. Pelo menos era assim que eu me sentia. E se você pensa e age com essa convicção, acaba sempre confirmando a própria tese.

Por outro lado, se você não é um merda, percebe que ok, tudo bem, tem muita gente escrota por aí, mas também tem muita gente não escrota. E o melhor: você se dá conta de que não precisa levar essas pessoas tão a sério.

Se é que isso faz sentido.

Ao mesmo tempo, não resta a menor dúvida de que precisamos de gente escrota à nossa volta, assim como precisamos de nossos sentimentos negativos, para nos dar outra perspectiva e para nos fazer rir. Eu cultivo o maior respeito, que às vezes chega mesmo a ser certa inveja, por ladrões de banco e outros foras da lei. São pessoas que, como eu próprio já tentei, personificam a verdadeira essência do perigo: Dillinger, El Capone, o *El Duce* do The Mentors, Willie Sutton, Jerry Lee Lewis, Jack Black (o escritor, não o ator) e centenas de outros. Foram criminosos, foram proscritos, foram — de certa forma —

merdas profissionais. Mas merdas profissionais com estilo, classe, talento e coragem. Tinham seus próprios códigos, suas próprias regras e viveram de acordo com o próprio cânone, tornando-se figuras praticamente míticas durante o processo.

É claro que o nome de Grinch consta nesta lista também. Lá em cima, com os melhores. Apesar do seu sucesso material, seu coração continuava tão negro quanto antes e isso era algo que eu respeitava.

Não sei como, mas Grinch (e talvez isso devesse me preocupar) sempre parecia estar diretamente envolvido em diversas das piores catástrofes que se tornaram manchete de jornal nos últimos 25 anos, desde o acidente da usina nuclear de Three Mile Island. De modo que não me surpreendi nem um pouco ao receber uma mensagem dele no dia seguinte a um acidente no Lincoln Park, em Chicago, onde uma varanda do terceiro andar de um prédio desabou durante uma festa, matando uma dúzia de estudantes universitários:

Jim,

Deixe-me contar o que tenho feito ultimamente:

1. Fiz uma viagem de negócios prolongada pela Sicília e o sul da Itália.

2. Pela primeira vez em mais de 20 anos, desfrutei um colapso paranoico absoluto e dramático. Imagina o Bardamu de Céline no navio para a África, coloca ele num ônibus atravessando a Itália e você vai ter uma noção do que aconteceu comigo.

3. Vendi minha casa em apenas três semanas. Minha casa nova ainda não está pronta para morar. Fui obrigado a levar minha família para um apartamento caindo aos pedaços no Lincoln Park nesse meio-tempo.

4. Na noite seguinte à minha mudança, os whiteboys *do apartamento ao lado deram uma festa barulhenta para encher os cornos de cerveja na varanda do terceiro andar. Um pouco depois de meia-noite e meia, a escadaria onde estavam empoleirados des-*

pencou, esmagando as bestas quadradas no patamar do andar de baixo. Menos 13, ficam faltando só seis bilhões!

CU DE BÊBADO NÃO TEM PARAQUEDAS!

Grinch

A primeira coisa que me ocorreu após ler essa mensagem não foi preocupação com o colapso que ele mencionara. Não, minha primeira reação instintiva foi pensar: *"Como ele conseguiu forjar a queda da varanda para que tudo parecesse um acidente?"* Sei lá. Por algum motivo, aquilo não me surpreenderia nem um pouco.

A maioria dos merdas que encontramos não é vistosa e carismática como os citados acima. A maioria é insignificante, ordinária e grosseira, sem nenhum conteúdo, nenhuma justificativa, nenhum estilo e nenhum motivo para ser assim. E costumam ser inacreditavelmente burros.

Naquela época, no auge da minha babaquice, eu não tinha nada. Não tinha trabalho, não tinha esperança e o dinheiro para pagar o aluguel era sempre bastante incerto. Eu estava na luta, tentando me agarrar a qualquer coisa — passando fome, bebendo por puro desgosto e agindo sem a menor consideração com as pessoas ao meu redor. Devido às circunstâncias, concluí que jamais chegaria a lugar algum. Por isso, destruía coisas (ou no punho ou nas páginas do jornal) que pertenciam a outras pessoas. Eu estava forjando um personagem baseado na fúria da minha juventude e deixando que ela me carregasse para a idade adulta. As dificuldades da vida podem transformar qualquer um num babaca, nem que seja por simples desespero. Você vê todas aquelas pessoas felizes à sua volta, que têm muito mais do que você, e é claro que vai ficar ressentido.

A contradição no meu caso era que, se alguém me perguntasse, eu nem saberia dizer o que queria. Acho que realmente não queria nada.

Estava infeliz, desesperado e revoltado, mas sem nenhum objetivo em mente. Ficava só esperando as coisas caírem do céu.

No entanto, por outro lado, quando você observa as pessoas que aparentemente se deram bem na vida — aquelas que têm rios de dinheiro e que ocupam cargos de poder e autoridade —, percebe que quase todas são babacas. Até mesmo as mais importantes. O meu palpite é que John Doe tinha razão, que elas são gananciosas. Têm muito, mas querem ainda mais — o que as reduz à mesma condição desesperada dos mendigos que olham os passageiros no metrô com amargura. Ou à minha, nos tempos das vacas magras, sentado no chão da sala com uma garrafa barata de vinho do Equador.

No meu caso, várias coisas começaram a acontecer da metade para o final dos anos 90. Embarquei numa maré de sorte.

Comecei a perder a visão, muito antes e muito mais rápido do que o esperado. Lancei meu primeiro livro e, ainda que ele não tenha abalado nenhuma lista de mais vendidos, as pessoas foram bastante receptivas. Consegui o emprego de redator no jornal e pude me livrar da malfadada recepção. Por mais que o trabalho como redator me deixasse maluco às vezes (qual trabalho não deixa?), era infinitamente melhor do que continuar esquentando a bunda naquela recepção. E, é claro, havia Morgan, que eu conhecera pouco depois de ter saído de um casamento que, nos últimos anos, fora silencioso, triste e sem risadas. Morgan me mostrou que eu ainda podia rir das coisas, rir com vontade, rir de praticamente tudo na vida.

Todas essas coisas, ao seu próprio modo — da cegueira aos livros —, me obrigaram, pela primeira vez em muito tempo, a trabalhar com outras pessoas, pensar em outras pessoas e até mesmo contar com a bondade alheia para me locomover. Embora ainda preferisse ficar isolado e optasse pela solidão sempre que possível, aprendi a encarar minha interação com outras pessoas como algo que não precisava ser um embate constante.

O processo de transferir um livro de dentro da sua cabeça para a estante de uma livraria, por exemplo, exige que o autor trabalhe com um pequeno exército — editores, copidesques, agentes, advogados, revisores e por aí vai. Percebi que, se você é gentil com essas pessoas, o entusiasmo que permeia o projeto é muito maior. Acho que isso se aplica a qualquer relacionamento profissional.

De repente precisei aceitar a ajuda dos outros, algo que hesitara — e até mesmo recusara — antes. Passei a ouvir outras vozes além da minha (nem todas na minha cabeça) e percebi que as pessoas não estavam todas querendo a minha cabeça. Elas me ajudavam a atravessar a rua quando eu precisava e não me pediam nada em troca. A maioria, pelo menos.

Ao longo dos anos, também tive a sorte de encontrar várias pessoas que não eram merdas e que se tornaram minhas amigas (embora eu continue me escondendo a maior parte do tempo). Pessoas sábias, talentosas e extremamente inteligentes. Não obstante, pareciam estar de certa forma em paz consigo mesmas, provavelmente porque sabiam que não tinham que provar nada para ninguém. Eram gentis; eram, em suma, pessoas do bem.

Lembrei-me de todas essas outras pessoas também, todas as vozes — de Harry Crews até o Caça-Ratos — que me ofereceram fragmentos de sabedoria durante o caminho, vozes que finalmente parei para escutar direito.

Tem gente que não precisa aprender na porrada para cair na real, mas fui tão conscientemente escroto por tanto tempo (e ainda estou bem longe de ser perfeito agora) que acho que precisei, sim.

Meus pais me criaram bem. Sempre trataram todo mundo — as pessoas em geral, a mim, um ao outro — com bondade e respeito. Rejeitei isso, mas agora, aos poucos, estava fazendo todo sentido para mim.

Não foi uma mudança abrupta. Não houve relâmpagos, nem revelações-de-abalar-as-estruturas. Aconteceu devagar, naturalmente. Tão devagar e tão natural que, na verdade, só fui perceber a mudança muito tempo depois. Aconteceu e pronto.

No meu caso, os objetivos nem eram assim tão grandiosos. Conquistei mais do que jamais sonhei na vida, se levarmos em consideração minhas circunstâncias e aptidões, e praticamente de maneira acidental. Mesmo tendo sempre nutrido a esperança de que seria melhor em várias coisas, o fato de ter conseguido qualquer êxito que fosse estava muito além das minhas expectativas.

Levou tempo pra cacete e, acidentalmente ou não, exigiu muito trabalho, mas eu não precisava mais lutar, competir, batalhar. Senti que não precisava mais provar nada a ninguém e, por isso, não tinha mais necessidade de ser um merda para todo mundo.

Ainda posso ser um merda, é claro. Todos nós podemos, faz parte da condição humana. Aposto que até o tal Gandhi era um merda de vez em quando. Tento não ser, mas de forma sutil e inconsciente, ainda sou, mesmo sem perceber. Ainda tenho meus momentos de mau humor, ainda fico desnecessariamente frustrado quando a fila não anda e continuo caindo sem querer nas rotinas germânicas. Ainda cultivo um medo irracional da maioria das plantas e de jardineiros empunhando mangueiras. Mas, em geral, se tudo vai bem, por que reclamar?

Não há dúvida de que estou menos louco e furioso do que antes. Já não me preocupo com tantas coisas. Pra quê? Tudo passa. No fim, tudo se resolve. Continuo vomitando de nervoso antes de começar uma leitura nas turnês, mas, no final, vou lá, leio de uma vez e pronto. Tudo passa. Tudo, exceto a memória — e até mesmo a memória se deteriora com o tempo.

Não estamos livres de ter problemas — seja tentando ser mais agradáveis, seja aceitando a natureza aleatória das coisas. As contradições são inevitáveis.

Se você deixa tudo correr solto, se não se inteira de nada, às vezes pode se ver aceitando uma situação que está longe de ser ideal, ainda que possa ser facilmente mudada. Pode ser algo tão simples quanto passar mais um verão insuportável suando por achar que comprar um ar-condicionado vai dar muito trabalho. Ou carregar um ninho de percevejos para o trabalho em suas roupas todos os dias. Você pode se acostumar e ficar entorpecido num emprego ruim, num relacionamento ruim ou deixar as pessoas pisarem em você. Se você entra numa de aceitar absolutamente tudo, então acaba virando um fraco preguiçoso e desinteressado.

Você até pode ser resignado, só não pode ser burro. Sonhar é muito bom, sim, sempre — são os sonhos e os riscos que corremos para realizá-los que nos levam a algum lugar. Então, sonhe, mas não se feche para o mundo. Tente fazer o que gosta, mas aceite o fato de que nem sempre as coisas vão sair como o planejado. E, se não saírem, paciência.

Tenho a impressão de que tudo que estou tentando dizer aqui, desajeitado e incoerente, pode ser encontrado de maneira bem mais elegante no poema "Se", de Rudyard Kipling. Ele até rima. (Ou, se você acha muito cheio de nove-horas, assista a um filme de Douglas Cheek. Descobri que quase todas as respostas para os enigmas da vida podem ser encontradas nos filmes de Douglas Cheek.)

Tive sorte pelo caminho, e sei que tive sorte. Por ora. Também sei que tem muita gente para quem as coisas não deram muito certo. Seus maridos ou mulheres os abandonaram sem nada. Estão encalhados em empregos lamentáveis e humilhantes. Têm filhos gravemente doentes que precisam de cuidados médicos que não estão ao seu alcance. Estão presos por um crime que não cometeram. Foram diagnosticados com doenças incuráveis. Situações tão ruins que ultrapassam nossa compreensão. Falar sobre o assunto está longe de confortar alguém enfrentando problemas desse tipo. Mas, às vezes, é tudo que podemos fazer, infelizmente.

No fim, talvez parte de aceitar as coisas como são consista em aceitar nossas próprias contradições e fracassos. Afinal, somos humanos, as mais falíveis das criaturas e nossa vida na prática não é guiada pelas regras ditadas pelos filósofos e teólogos. Nem sempre as coisas que acontecem conosco fazem sentido. Não somos racionais. Não pensamos nem agimos de maneira racional. Na maioria das vezes, vamos aprendendo ao fazer, tentando dar nosso melhor.

Deus é testemunha de que eu mesmo raramente agi de modo racional, mas não me arrependo de nenhuma das escolhas que fiz na vida. Não olho para trás e fico lamentando o que aconteceu e o que deixou de acontecer, o que poderia ter feito e não fiz (tirando, talvez, o lance do comercial das fraldas geriátricas). No fim, todos os desvios foram necessários. Até as coisas das quais me arrependo foram necessárias.

Longe de mim reforçar o coro sentimentaloide dessas palhaçadas New Age, tipo "O Milagre É Você" e outras merdas. Que fique bem claro: algumas das pessoas mais horrendas, maldosas e desagradáveis que tive o desprazer de encontrar foram os gurus de autoajuda. Eles estão entre os mais merdas de todos os tempos.

Prefiro chamar minhas ideias de "Budismo para Cachaceiros". Não estou aqui para dizer o que as pessoas devem fazer, nem como devem agir. Só posso descrever minha própria experiência. No fim, é só o que podemos fazer. E, para mim, as coisas estão realmente entrando nos eixos agora.

Ou então é tudo efeito do mesmo remédio.

Morgan e eu ficamos uma hora sentados à mesa lascada do Ruby's, ouvindo a *jukebox* e tomando cerveja. Alguns fregueses que já estavam lá quando chegamos começaram a ir embora. Havia uma leve brisa fresca vindo do Atlântico. Depois que terminamos a primeira rodada, Morgan perguntou: — Vamos até a beira-mar?

— Claro. Vamos lá. — Demos os braços.

O bartender — um sujeito alto com cabelo grisalho e um bigode que mesclava fios brancos e pretos — acenou e sorriu para a gente.

Parece que as regras realmente mudaram por aqui, pensei.

Atravessamos o Boardwalk até o pequeno lance de escadas que conduzia à areia. Morgan parou para tirar os sapatos e as meias. Eu continuei calçado.

— Você não vai tirar os sapatos?

— Nããão, precisa não.

— Sério? Vão ficar cheios de areia.

— Tudo bem, não tem problema.

Caminhamos pela areia morna, Morgan atenta aos cacos de vidro e agulhas hipodérmicas, mas, para nossa surpresa, a praia estava impecável. A areia fofa, aveludada, praticamente sem nenhum lixo.

Havia uns gatos-pingados pegando sol aqui e ali, à beira-mar. A maioria devia estar na casa dos 50 anos, ou talvez mais, os homens ostentando suas imensas barrigas, dependuradas sobre as sungas. Houve uma época em que uma visão daquelas — sei lá por quê — teria me aterrorizado, mas havia ali uma forma estranha e épica de graciosidade. Eles estavam pouco se lixando para a opinião das pessoas. Estavam à vontade.

Um sujeito com um pequeno bugre sem motor acelerava pela areia, sendo puxado por uma pipa enorme, que ele controlava com duas varetas de alumínio.

Não havia nada tapando o sol — nem nuvens, nem árvores ou edifícios —, mas o calor era amenizado pela brisa marinha.

Chegamos à beira da água e eu ia avançar quando Morgan me deteve. — Baby, seus sapatos vão ficar encharcados.

— Não tem problema. Vamos — disse, incentivando-a a seguir em frente.

— Mas você vai passar o dia inteiro com as meias molhadas.

— Não tem problema. Vamos. — A primeira onda rebentou em nossos tornozelos.

— Baby, por favor — implorou ela. — Anda, vai, tira logo esses sapatos.

Eu me dei por vencido e voltei para a areia seca, agachei-me e tirei os sapatos e as meias. Quando levantei, senti a areia morna sob meus pés pela primeira vez em, o quê? Pelo menos uns 20 anos. Acho que durante todo esse tempo nunca tive vontade de fazer isso.

Avançamos mais para dentro do mar e agora minhas calças estavam molhadas na altura dos joelhos. Tirei o chapéu, lembrando que o Atlântico já havia me roubado alguns no passado. Começamos a caminhar em direção ao Brighton, o bairro russo logo acima do litoral de Coney, parando pelo caminho enquanto Morgan me mostrava várias formas de vida marinha. As ondas quebravam aos nossos pés.

Um sujeito louco ou bêbado passou por nós, resmungando bobagens sozinho e rindo. Estava usando um terno preto. Cruzamos com velhos fazendo jogging em seus passinhos capengas e insistentes. O cara do bugre de pipa continuava acelerado, mas, para nossa surpresa, sem atropelar ninguém.

Enquanto eu tentava afastar os tentáculos do meu cabelo comprido do rosto (missão impossível sem o chapéu), Morgan começou a apontar minúsculos fragmentos de caranguejos espalhados pela areia. Patas, garras e algumas cascas vazias.

Gaivotas planavam vagarosamente sobre o mar, flutuando sobre as ondas, indiferentes e sem pressa. Uma delas pairou perto de uma formação rochosa, mergulhou a cabeça dentro da água e voltou com um caranguejo vivo no bico. Ela o sacudiu de leve, deixando-o cair. Mergulhou e apanhou novamente.

— Como será que elas comem os caranguejos? — perguntou Morgan.

A gaivota, com o caranguejo preso ao bico, chapinhou até o litoral, alcançou a areia e sacudiu sua presa violentamente, espalhando pequeninas garras e patas para todos os lados. Depois, soltou o caranguejo desmembrado na areia e aguardou um momento antes de mergulhar o bico na casca.

— Bem, eis a sua resposta.

Continuamos observando, a alguns metros de distância, a gaivota rapidamente estraçalhar o caranguejo, bicando de forma selvagem os pedaços de carne de dentro da casca quebrada e das garras espalhadas.

— Parece que esses malditos caranguejos não são montados direito — comentei. — As patas saem com a maior facilidade.

Outras gaivotas se juntaram na carnificina e nós caminhamos mais um pouco antes de virarmos e voltarmos pelo mesmo caminho, a água refrescando meus pés calejados e ensopando minha calça comprida.

— Você devia ter suspendido a calça — disse Morgan. Ela sabia que eu não tinha nenhuma bermuda.

— É, devia mesmo. Mas agora já era.

No percurso de volta pela praia, vimos mais gaivotas capturando e desmembrando caranguejos. O bugre passou correndo mais umas seis vezes. Quando demos uma parada, passei o braço pelo seu ombro.

— Tudo bem com você? — perguntei.

Ela sorriu. — Estou tão feliz.

— É? Eu também... Amo você.

— Também te amo.

Contemplei a areia limpa e clara e as águas negras que um dia carregariam minhas cinzas. E me dei conta de que, se morresse naquela noite — se fosse atropelado por um trem, se um ciclista armado me desse um tiro nos cornos, os gatos sugassem meu ar enquanto dormia ou se por acidente fosse empalado pela minha bengala — pior, podia morrer antes mesmo de anoitecer —, se o sujeito do bugre me atingisse em cheio, ou se as águas do Atlântico de repente cobrissem o Brooklyn como as do Red River cobriram Grand Forks, ou se minas explodissem sob meus pés na praia — resumindo, se as minhas cinzas fossem ser lançadas do píer dali a uma semana, eu ainda podia fechar meus olhos turvos com a satisfação de saber que, por mais fodido que eu pudesse estar, as coisas realmente tinham dado certo para mim.

Se tem algo que aprendi com estas minhas memórias compartilhadas a duras penas, foi que a vida simplesmente acontece. Não é uma lição profunda, mas é verdade. Por mais que tentemos controlá-la, medi-la, ordená-la, apreendê-la e colocá-la na direção certa, jamais conseguimos. Sempre surge alguma coisa, boa ou ruim, para tirá-la dos eixos. Você pode perder um filho, a empresa para a qual trabalha pode falir, você pode estar dirigindo a 60 quilômetros por hora e ainda assim colidir com um caminhão de bebidas, um meteoro pode cair na sua casa, você pode ficar cego. Ou então pode finalmente encontrar a pessoa certa, o emprego certo ou um tornado pode poupar sua casa. Você pode acordar um dia e descobrir que perdeu a sensibilidade nas pernas. Ou que seus números foram sorteados. Pode enlouquecer. Matar uma pessoa num momento impensado de fúria. Uma fogueira pode virar um incêndio. Você pode apostar seu dinheiro em um palpite que tem uma chance em 100. Pode mudar de ideia depois de dez anos. Ou 41.

Todas essas coisas podem acontecer, já aconteceram e vão continuar acontecendo, por nenhum motivo em particular ou pelos melhores motivos do mundo. Quanto tempo arrancando os cabelos e perdendo a cabeça! Olhando para trás, era algo fácil de enxergar. Aconteceu e pronto, só isso. Aconteceu um monte de coisas. E aqui estamos nós. Fazemos coisas terríveis, fazemos coisas maravilhosas — e às vezes, um lado mais do que compensa o outro. Às vezes, completam-se perfeitamente.

Tudo que fazemos aqui, até as coisas mais insignificantes, têm seu valor, não por causa de uma recompensa ou um castigo nos esperando no além, e sim porque é tudo que temos. Enquanto estamos aqui, tanto os dias horríveis quanto os gloriosos fazem sentido. Enquanto estamos aqui, significam alguma coisa — como este momento agora, com minha namorada na praia em Coney.

Tentamos e, às vezes, fracassamos. Por outro lado, apesar de todos os erros terríveis que cometemos, às vezes acertamos — nem que por pouco tempo. Nem sempre, nem para sempre. Mas e daí?

Mesmo que alguma coisa ao meu redor ou em mim pife novamente, o que na certa vai acontecer de uma maneira ou de outra, posso guardar este momento, este dia comigo. O dia em que consegui sorrir, à vontade, sem pudor, como os velhos russos obesos que exibem suas panças com orgulho em público.

Coney Island era o mais próximo que tive de uma igreja. Era minha Meca, minha Lourdes, meu Muro das Lamentações. Ali, com Morgan, era onde morava minha esperança.

— Tá com sede? — perguntei.

— Pra cacete — respondeu ela, sorrindo de novo.

Voltamos pela areia morna até o Boardwalk e paramos para calçar os sapatos. Um grupo de garotos orientais parou para tirar os deles e depois saiu correndo, gritando, em direção ao mar.

De volta ao Ruby's, sentamos no bar quase vazio. Na *jukebox* tocava uma canção do Dean Martin que tinha tudo a ver. O bartender se aproximou sorrindo e disse: — Sabia que vocês iam voltar. Mais duas?

Fizemos que sim com a cabeça e acendi outro cigarro enquanto ele foi buscar as cervejas do outro lado do bar.

Quando as cervejas chegaram, coloquei duas notas debaixo do cinzeiro, apoiei a mão com carinho no joelho de Morgan e brindamos com nossas garrafas.

— Saúde, baby.

Agradecimentos

O autor gostaria humildemente de agradecer as seguintes pessoas pelo incentivo e paciência, assim como pelo constante suprimento de piadas de mau gosto:

Ken Siman; David Groff; Sara Carder; Stuart Calderwood; Mamãe e Papai; Mary, Bob, McKenzie e Jordan; John Strausbaugh, Lisa Kearns, Sam Sifton, Jeff Koyen, Alex Zaitchik e ao pessoal do *New York Press* — os antigos e os novos; Derek Davis; Ken Swezey e Laura Lindgren; Innes Smolansky; Melanie Jackson; Marty Asher; Homer Flynn; Bill Monahan; Scott Ferguson; Russell Christian; Gary Hertz; TRP; Don Kennison; Paul Rickert; Mike Walsh; David E. Williams; Dave e Sarah Read; d.b.a; o Ruby's; Bill Lustig; Flo Schultheiss; Murray Cockerill (outrora perdido, agora recuperado); e aos grandes Fats Waller e Ennio Morricone, por terem fornecido a trilha sonora.

Sobre o autor

Jim Knipfel mora no Brooklyn, onde não incomoda quase ninguém.

Impresso no Brasil pelo
Sistema Cameron da Divisão Gráfica da
DISTRIBUIDORA RECORD DE SERVIÇOS DE IMPRENSA S.A.
Rua Argentina 171 – Rio de Janeiro, RJ – 20921-380 – Tel.: 2585-2000